Kohlhammer

Michael Macht

Verhaltenstherapien mit Parkinson-Patienten

Wege zur Krankheitsbewältigung: Vier Fallberichte

Verlag W. Kohlhammer

1. Auflage 2003

Umschlag: Gestaltungskonzept Peter Horlacher
Gesamtherstellung:
W. Kohlhammer Druckerei GmbH + Co. Stuttgart
Printed in Germany

ISBN 3-17-017820-2

In Erinnerung an Gabriele Peltner

Inhalt

Danksagung

Eine Arbeit wie diese ist nur mit der Hilfe anderer möglich – ihnen allen danke ich von ganzem Herzen.

Drei Personen waren von besonderer Bedeutung. Meine Lehrtherapeutin Elke Tittelbach supervidierte die hier beschriebenen Therapien, regte die Arbeit an und begleitete das Manuskript in all seinen Wandlungen. Mein akademischer Lehrer Prof. Dr. Heiner Ellgring führte mich in die Psychologie der Parkinson- Erkrankung ein, war stets diskussionsbereit und wusste immer wieder mit Wissen und Tatendrang zu motivieren. Zusammen mit meinem Freund Ralph Schwarz intiierte er vor Jahren ein durch die Deutsche Parkinson Vereinigung e.V. (DPV) gefördertes Projekt, in dem ich meine Arbeit mit Parkinson-Patienten begann.

Dr. Wolfgang Götz, 1. Vorsitzender der DPV, gab mir wertvolle Einblicke in das Leben mit der Erkrankung – unseren Gesprächen verdanke ich auch den Hinweis auf Thich Nhat Thanh. Die Diplom-Psychologinnen Michaela Holler und Susann Liehm unterstützten mich bei zwei der dargestellten Fälle als Ko- Therapeutinnen. Dipl.-Psych. Jochen Müller war gutmütig und geduldig genug, eine erste Fassung des Manuskriptes zu lesen und meinen immer währenden Klagen über die Leiden des Schreibens Gehör zu schenken. Die Gelegenheit zur Auseinandersetung mit dem Freezing-Phänomen gab mir Frau Dr. Daniela Berg, Neurologische Universitätsklinik Würzburg. Dipl.-Psych. Michael O. Russ, Klinikum der Universität Frankfurt/Main, wies mich auf die ältere Literatur zum Kranheitserleben hin.

Ich wünsche mir, die Fallbeschreibungen seien Patienten und Therapeuten Hilfe und Anregung. Der eigentliche Anlass für diese Aufzeichnungen war jedoch ein anderer: Das Vertrauen, die Offenheit und die Ausdauer der Patienten und Angehörigen haben mich ergriffen und das Bedürfnis geweckt, die einzigartigen Wege zu dokumentieren, die diese fünf Menschen in ihrer Auseinandersetzung mit der Erkrankung gingen.

Würzburg, im März 2003
Michael Macht

Einführung

Verhaltensweisen, die an die Symptome der Parkinson-Erkrankung erinnern, wurden bereits in der Antike beschrieben: In alten Schriften ist von Patienten die Rede, die plötzlich zum Stehen kommen und deren Arme bei Ruhe zittern, Bewegungen jedoch kontinuierlich ausführen. Die erste präzise Beschreibung des Krankheitsbildes gab der Londoner Arzt James Parkinson im Jahre 1817. Heute ist das Parkinson-Syndrom eine der häufigsten Erkrankungen des Gehirns: Frauen, Männer, alle ethnischen Gruppen und keineswegs nur ältere Menschen sind betroffen. Die Diagnose wird zumeist zwischen dem fünfzigsten und sechzigsten Lebensjahr gestellt, doch ist ein beträchtlicher Teil der Patienten jünger. Das Parkinson-Syndrom verändert in erster Linie die Bewegungen: Zittern, Verlangsamung und Steifigkeit sind seine Hauptsymptome. Die medizinische Behandlung vermindert die Symptome deutlich, kann sie jedoch nicht beseitigen.

Wie wird die Parkinson-Erkrankung erlebt?

Die psychologische Situation des Erkrankten ist durch drei Momente charakterisiert. *Erstens:* Die motorischen Symptome sind allgegenwärtig, verändern den Alltag und sind in ihren Schwankungen kaum zu kontrollieren. *Zweitens:* Die Erkrankung verändert die sozialen Beziehungen. *Drittens:* Die Erkrankung ist chronisch und schreitet fort.

Es ist nicht verwunderlich, dass ein beträchtlicher Teil der Betroffenen psychische Belastungen erlebt, seien es Angstzustände, depressive Verstimmungen oder Probleme in der Partnerschaft. Die psychologische Unterstützung, die hier notwendig ist, wird nur selten genutzt, teils weil die Betroffenen nicht davon wissen, teils weil psychologische Ansätze in der Versorgung von Parkinson-Patienten erst allmählich an Gewicht gewinnen. Dieses Buch beschreibt an Einzelfällen, wie das Leben mit Parkinson durch verhaltenstherapeutische Methoden verbessert werden kann.

Bevor wir uns den Fällen zuwenden, betrachten wir im Abriss die grundlegenden Merkmale der Erkrankung – erste Anzeichen und Diagnose, Symptome und Behandlung, Krankheitserleben und psychische Belastungen.

Erste Anzeichen und Diagnose

Das Parkinson-Syndrom entwickelt sich schleichend. Wie sich im Rückblick zeigt, sind erste Anzeichen manchmal schon Jahre vor der Diagnose spürbar: veränderte Bewegungen beim Gehen, Schreiben, Musizieren oder beim Sport, „rheumatische" Beschwerden, depressive Verstimmungen oder fremdartige Empfindungen, etwa ein Gefühl des inneren Vibrierens, Klopfens oder Hämmerns. Ein Patient berichtete sogar, dass seine Erkrankung mit einem Traum begann. Er träumte, dass ein Hund auf ihn losstürzte:

„Ich stieß ihn ... mit den Füßen zurück und fiel im Traum mit dem rechten Arm auf die Erde. Seit dieser Nacht bemerkte ich ein Zittern und so entwickelte sich mein Leiden" (Mendel, 1911, zit. nach Jacob, 1955, S. 6).

Helen Rose (1990), eine sehr junge Patientin, beschreibt den Beginn ihrer Erkrankung so:

„Die erste Veränderung, die mir auffiel, war ein starker Krampf in meinem rechten Fuß. Der Fuß rollte sich regelrecht zusammen und ich konnte nur unter starken Schmerzen laufen. Ich blieb auf einem Fuß stehen, wie ein betrunkener Flamingo."

Und ein anderer Patient:

„Ich hatte ein eigenartiges Gefühl in den Armen. Sie hingen schwer herunter und ich wusste nicht so recht, was ich mit ihnen anfangen sollte. Bald steckte ich sie in die Taschen, bald verschränkte ich sie auf der Brust (Jacob, 1955)."

Veränderungen wie diese lösen den Verdacht aus, etwas sei nicht in Ordnung, doch liegen andere Erklärungen häufig näher als die einer Parkinson-Erkrankung:

„Es war schon lästig, dieses Zittern der Hand. Trat es doch immer in Situationen auf, in denen ich es nun wirklich nicht gebrauchen konnte ... wenn ich in Gegenwart eines Vorgesetzten eine Tasse Kaffee zum Mund führen wollte oder in erlesener Gesellschaft beim Griff zum Suppenlöffel ... Ich war 37 Jahre alt und hatte nur eine Erklärung: ‚Stress'" (Weitenhagen, 1999, S. 26).

Die Schwäche der Stimme wird auf eine Überlastung der Stimmbänder zurückgeführt, die Rückenschmerzen auf einen Bandscheibenschaden, die Verkleinerung der Handschrift auf einen Schreibkrampf. Doch die Beschwerden verschwinden nicht, im Gegenteil, sie nehmen zu und drängen mehr und mehr ins Bewusstsein. Sydney Dorros (1989) spürte einen Schmerz in der Schulter, als er im Herbst das Laub im Garten zusammenkehrte:

„Ich führte diesen Schmerz auf meine Müdigkeit zurück; meine Frau dachte, dass ich mich vor der Gartenarbeit drücken wollte – sonst verschwendeten wir keinen Gedanken daran. Das Herbstlaub verschwand, aber meine Schmerzen blieben."

Cecil Todes (1990) hatte zunächst kaum Notiz davon genommen, dass seine automatische Armbanduhr häufig stehen blieb, doch eines Morgens nach dem Erwachen bemerkte er, dass sein Arm zitterte:

„... Panische Angst stieg in mir auf. ... Ich streckte beide Arme nach vorne aus, um zu prüfen, ob der Tremor dadurch verschwand. Doch der Tremor blieb. Mein erster Gedanke: Ein Gehirntumor!" (Todes, 1990; S. 1–2).

Von den ersten Anzeichen bis zum Aufsuchen des Arztes können Monate, ja sogar Jahre verstreichen. Der Arzt benötigt manchmal eine längere Beobachtungsperiode, um eine sichere Diagnose zu stellen – für den Patienten eine belastende Zeit der Ungewissheit. Für die Diagnose „Parkinson" müssen folgende Anzeichen vorhanden sein: Bewegungsverlangsamung und mindestens eines der Symptome Steifigkeit, Zittern oder Haltungsstörung. Die Symptome sollten auf beiden Körperseiten unterschiedlich ausgeprägt sein und durch L-Dopa, ein wirksames Anti-Parkinson-Mittel, vermindert werden. Andere neurologische Erkrankungen müssen ausgeschlossen sein (Deuschl, 1993). Die diagnostischen Untersuchungen werden heute durch moderne Messverfahren unterstützt.

Die Reaktionen auf die Diagnose sind recht unterschiedlich, manchmal wirkt sie wie ein Schock. Ivan Vaughn erfuhr im 41. Lebensjahr, dass er an Parkinson erkrankt war:

„Es war ein Gefühl, als stünde ich vor einem Staudamm. An den Wänden öffnete sich an verschiedenen Stellen ein Loch nach dem anderen. Ich rannte wie verrückt herum und versuchte, die Löcher zu stopfen, aber ich hielt die Augen geschlossen, damit ich die Wasserfluten nicht sah, die mich zu verschlingen drohten. Ich konnte die Schwere der Erkrankung nicht akzeptieren, denn wenn ich das tat, würden Angst und Panik mein Selbstvertrauen untergraben" (Vaughn, 1986, S. 38).

Andere versuchen, ihre Erkrankung aus dem Bewusstsein zu drängen, oder reagieren sogar mit Gelassenheit: „Ich habe gewusst, dass meine Mutter das hatte", sagte ein 68-jähriger Patient, „und dass auch ich jetzt damit leben muss. Ich hatte das Zittern in der Hand, aber sonst fühlte ich mich gut, ich konnte noch jeden Tag arbeiten."

Grundtatsachen

Mit der Gewissheit, an Parkinson erkrankt zu sein, tauchen Fragen auf: Ist die Erkrankung heilbar? Mit welchen Symptomen ist zu rechnen? Wie soll es weitergehen? Für den Patienten ist es jedoch oft schwierig, Antworten auf diese Fragen zu finden. Die Erkrankung ist komplex, ihr Erscheinungsbild, ihr Verlauf und ihre Behandlung sind individuell unterschiedlich. Broschüren und Videos zeigen häufig stark beeinträchtigte Patienten und erscheinen wie Horrorszenarien.

Krankheitsbild

Das Parkinson-Syndrom ist mit zahlreichen Symptomen verknüpft, man unterscheidet Haupt- und Nebensymptome. Die Hauptsymptome – Zittern, Steifigkeit, Bewegungsverlangsamung, Haltungs- und Gehprobleme – treten bei der Mehrzahl der Patienten auf. Die Symptomatik ist allerdings nicht einheitlich: Ein Patient leidet unter Zittern, ein anderer unter Bewegungsarmut und Steifigkeit, ein dritter zeigt jedes dieser Symptome. Hinzu kommt, dass sich im langjährigen Krankheitsverlauf die Symptome *eines* Patienten in ihrer Art und Stärke verändern können.

Das Zittern oder der Tremor tritt bei etwa 85 % der Patienten auf und ist mit etwa vier bis sechs Schlägen in der Sekunde langsam und „grobschlägig". Betroffen sind vor allem Hände, Arme und Beine. Charakteristisch ist der Tremor in der Hand, auch als „Pillendrehen" oder „Münzenzählen" bezeichnet. Der Tremor tritt vor allem bei Bewegungsruhe auf, bei zielgerichteten Bewegungen ist er abgeschwächt oder verschwindet: Die Hand, die vorhin zitterte, ergreift jetzt die Kaffeetasse und führt sie ruhig zum Mund. Einige Patienten zeigen den Tremor allerdings auch bei Bewegungen.

Das zweite Hauptsymptom, die Steifigkeit der Muskulatur (oder der Rigor), ist bei passiver Bewegung der Gliedmaßen spürbar: Wird der herabhängende Unterarm des Patienten langsam nach oben bewegt, zeigt sich ein wächserner Widerstand, der ruckartig zu- und abnehmen kann – das „Zahnradphänomen". Der Rigor bedingt die geduckte Haltung mit leicht gebeugten Armen und Beinen, und kann zu Schulter- und Rückenschmerzen führen.

Das dritte Hauptsymptom sind verlangsamte und verminderte Bewegungen (Brady- bzw. Hypokinese). Sie zeigen sich vor allem bei automatischen und wiederholten Bewegungsabläufen, zum Beispiel beim Gehen oder Zähneputzen. Folgen der Bewegungsarmut sind die verminderte Gestik und Mimik, leises und langsames Sprechen, seltenere Lidschläge und verminderte Schluckbewegungen. Bei fortgeschrittener Erkrankung kann es auch zu Phasen der Bewegungslosigkeit kommen (Akinese).

Haltungs- und Gehprobleme bilden das vierte Hauptsymptom. Dem Erkrankten fällt es schwer, ins Gehen zu kommen, und wenn es ihm gelingt zu starten, ist sein Gang kleinschrittig und schlurfend, die Arme schwingen nicht mit, und die einmal aufgenommene Gehgeschwindigkeit und Gehrichtung ist schwer zu verändern. Die Haltungsprobleme zeigen sich in der Schwierigkeit, das Gleichgewicht zu halten, und in der Neigung zu Stürzen, etwa wenn die Gehrichtung zu verändern ist, um Hindernissen auszuweichen.

Neben den Hauptsymptomen können zahlreiche Nebensymptome auftreten, zum Beispiel vermehrte Schweiß-, Talg- und Speichelproduktion, Verdauungs-, Atem- und Schluckbeschwerden, Schmerzen und Müdigkeit (Jahanshahi & Marsden, 2000). Die Art und Anzahl der Symptome kann den Patienten, der sich über das Erscheinungsbild seiner Erkrankung informiert, in Panik versetzen. Für ihn ist es entscheidend zu wissen: Ich muss in Zukunft nicht jedes Symptom entwickeln, die medikamentöse Behandlung kann die Symptome lindern, und ich kann lernen, mit der Erkrankung zu leben.

Mögliche Ursachen

Die Patienten fragen: Warum bin gerade ich betroffen? Was sind die Ursachen der Erkrankung? Eine junge Frau, die vor kurzem erfahren hatte, dass sie an Parkinson erkrankt war, hatte den Verdacht, ihre Persönlichkeit habe zum Ausbruch der Erkrankung beigetragen: „Ich war schon immer introvertiert, zurückhaltend und schüchtern. Es ist, als ob durch den Parkinson mein Charakter noch stärker zum Ausdruck kommt.“

Ein anderer berichtet:

„Ich hatte gelesen, dass die Parkinson'sche Krankheit manchmal nach einer langen Inkubationszeit durch Syphillis ausgelöst wird. Was war mit der Frau vor zwanzig Jahren in Paris? Konnte ich giftige Chemikalien aus den Filtern am Dach des chemischen Labors gegenüber meines Hauses eingeatmet haben? ... Konnte mein Gewichtheben die Krankheit ausgelöst haben? ... Als Student hatte ich in einem Zimmer mit Gasheizung und Gaskocher und ohne Abzug gewohnt. Das Gas kostete nichts, und so hatte ich reichlich davon Gebrauch gemacht. Hatte der lange Aufenthalt in einer Umgebung mit niedrigem Sauerstoffgehalt einen Hirnschaden verursacht? ... All diese Gedanken gingen mir durch den Kopf- ... Wodurch war die Krankheit wirklich ausgelöst worden?“ (Vaughn, 1989, S. 25–26).

Bereits James Parkinson (1817) vermutete, dass der Erkrankung eine Schädigung des zentralen Nervensystems zu Grunde liegt. Hundert Jahre später wurden tatsächlich charakteristische Veränderungen im Mittelhirn verstorbener Patienten entdeckt, und nach weiteren vierzig Jahren zeigte sich, dass diese Veränderungen mit einem Mangel an Dopamin zusammenhängen, einem der wichtigsten Botenstoffe des Gehirns. Das Parkinson-Syndrom war die erste neurologische Erkrankung, für die ein spezifisches neurochemisches Defizit nachgewiesen wurde: der Untergang dopaminhaltiger Nervenzellen in der „Schwarzen Substanz“ oder „Substantia nigra“, einer kleinen Struktur im Mittelhirn, die an der Bewegungssteuerung beteiligt ist. Sobald etwa 70 % der Nervenzellen untergegangen sind, führt der resultierende Dopaminmangel zu ersten Krankheitszeichen. Der Dopaminmangel bedingt vor allem die Hemmung der Bewegungen, der gleichzeitige *relative* Überschuss von Acetylcholin, einem anderen Botenstoff, das Zittern und die Steifigkeit.

Beim kleineren Teil der Patienten ist die Ursache des Dopaminmangels bekannt: In diesen Fällen spricht man von einem sekundären Parkinson-Syndrom. Es kann durch Mangan- und Quecksilbervergiftungen oder durch Medikamente verursacht werden, seltener durch Gehirntraumen oder Störungen der Hirndurchblutung. Das postencephalitische Parkinson-Syndrom trat als Folge einer Epidemie vor allem zu Beginn des 20. Jahrhundert gehäuft auf.

In den meisten Fällen (etwa 70 bis 80 %) sind die Ursachen des Dopamindefizits jedoch unbekannt – es handelt sich dann um das klassische, primäre oder idiopathische Parkinson-Syndrom. Für seine Entstehung werden verschiedene Hypothesen diskutiert. Giftige Umweltsubstanzen wie Pestizide oder auch körpereigene Stoffe könnten zum Abbau dopaminhaltiger Nervenzellen beitragen, wenn dem Organismus die notwendigen Schutzmechanismen fehlen. Andere Ursachen wären genetische Einflüsse und Virusinfektionen (Jahanshahi & Marsden, 2000). Bisher sind sicherlich nicht alle denkbaren Einflüsse untersucht, es wird sogar nicht ausgeschlossen, dass psychische Faktoren eine Rolle spielen (Ludin, 1995). Welche Ursachen der Erkrankung auch zu Grunde liegen, der Patient mit idiopathischem Parkinson-Syndrom bleibt über die Frage nach dem Ursprung seiner Erkrankung im Unklaren.

Erkrankungsverlauf

Die Erkrankung wird in fünf Stadien eingeteilt (Hoehn & Yahr, 1967). Im *ersten* Stadium treten die Symptome nur auf einer, im *zweiten* Stadium auf beiden Körperseiten auf. Patienten in den Stadien I und II sind nicht wesentlich eingeschränkt, sie können sich selbst versorgen, unabhängig leben und stehen oft noch im Beruf. Erst im *dritten* Stadium häufen sich die Bewegungsprobleme: Die Bewegungen werden unsicherer und sind schwerer auszuführen. Im *vierten* Stadium ist die Erkrankung schließlich voll entwickelt: Die Patienten können zwar noch gehen und stehen, brauchen aber bei den meisten Aktivitäten die Hilfe anderer. Patienten des *fünften* Stadiums sind an Bett und Rollstuhl gebunden und pflegebedürftig. Die Geschwindigkeit, mit der die Erkrankung fortschreitet, ist individuell verschieden. Man unterscheidet zwischen günstigen, langsamen und ungünstigen, schnellen Verläufen (Thümler, 1996, S. 67).

Medizinische Behandlung

Der Durchbruch in der Behandlung des Parkinson-Syndroms gelang in den Sechziger Jahren mit der Entdeckung der therapeutischen Wirkungen von L-Dopa, der chemischen Vorstufe von Dopamin. L-Dopa war das erste Medikament, das den Dopaminmangel in der Schwarzen Substanz wirksam verminderte, und hat auch heute noch die größten therapeutischen Wirkungen aller Anti-Parkinson-Medikamente (Thümler, 1996, S. 89). Die medikamentöse Behandlung vermindert die Symptome beträchtlich, doch ist die langjährige Behandlung mit unerwünschten Nebenwirkungen verbunden, z. B. Schwankungen in der Beweglichkeit, Überbewegungen und Halluzinationen. Um diese Nebenwirkungen zu vermeiden oder gering zu halten, wird L-Dopa in Kombination mit anderen Medikamenten gegeben. Die Abstimmung der individuellen Medikation ist oft diffizil und erfordert die Erfahrung des Arztes und die Mitarbeit des Patienten.

Neben der medikamentösen Standardbehandlung werden neue Therapiestrategien wie Neurotransplantation und Neurochirurgie erprobt. Die Neurotransplantation befindet sich im Entwicklungsstadium und ist keine wirkliche Alternative zur medikamentösen Therapie. Neurochirurgische Eingriffe werden vor allem bei Patienten vorgenommen, deren Symptome medikamentös nicht zu beeinflussen sind.

Weitere Informationen zur Erkrankung und ihrer Behandlung sind den Werken von Jahanshahi & Marsden (2000), Duvoisin (1994), Gerlach, Reichmann & Riederer (2001), Ludin (1995) und Thümler (1996) zu entnehmen.

Krankheitserleben und psychische Belastungen

In den ersten Jahren der Erkrankung bleiben viele Patienten gut beweglich. Vorerst treten Bewegungsprobleme vor allem bei Stress und schwierigen Bewegungsabläufen auf oder wenn die Wirkung der medikamentösen Einzeldosis nachlässt, doch später werden sie zu ständigen Begleitern. Wie werden die Bewegungsprobleme erlebt?

Die Bewegungsprobleme sind allgegenwärtig

Einst selbstverständliche Bewegungen sind nur noch mit Anstrengung oder Hilfe möglich: Umdrehen im Schlaf, Aufstehen aus dem Bett, Waschen, Rasieren, Kämmen, An- und Auskleiden, Essen und Trinken, Schreiben, Einsteigen in Zug und Straßenbahn. Die Erkrankung prägt den Alltag – Menschen mit Parkinson werden fortwährend daran erinnert, krank zu sein:

„Gleichwohl ist die Krankheit für mich allgegenwärtig... Kaum einem Außenstehenden wird bewusst, welchen Kraftaufwand, welche Überwindung, wie viel mehr an Einsatz ich leiste." (Weitenhagen, 1999, S. 89).

Die Ausführung einfachster Bewegungsabläufe wird zum Abenteuer, etwa wenn die Bewegungen plötzlich blockiert sind:

„Nur noch zwei Schritte bis zur Toilettentür, und ich klebe fest wie angenagelt. Der Harndrang wird immer größer. Egal was die anderen Leute denken werden, ich will mir nicht in die Hose pinkeln, ich muss um Hilfe bitten. Von zwei Männern unterstützt, gelange ich ins WC" (Hinterleitner, 1999, S. 17).

Einige Patienten gehen langsam, „wie im Sumpf", als würden ihre Beine von „unsichtbaren Gummischlangen" gehalten. Andere beschleunigen die Schritte, ohne es zu wollen und scheinen ihrem Schwerpunkt nachzulaufen, einem Gesunden vergleichbar, der bergab geht. Sie drohen nach vorne überzukippen und kommen kaum zu stehen. Gesunden ist es ein Leichtes, Bewegungen zu kombinieren oder gleichzeitig auszuführen – Zuknöpfen des Mantels im Gehen, Heben des Beines und Überziehen des Strumpfes, Öffnen der Türe und zur Seite treten – Menschen mit Parkinson können Bewegungen oft nur nacheinander ausführen. Jacob (1955, S. 51) berichtet von einem

Patienten, der stehend nur dann aus einem Wasserglas trank, „...wenn er zunächst zurückging, bis er sich an eine Wand anlehnen konnte, um dann den Kopf zu heben und das Glas zum Munde zu führen". Es war ihm nicht möglich, die Trinkbewegungen und die feinen Ausgleichsbewegungen, die notwendig sind, um frei stehend das Gleichgewicht zu halten, gleichzeitig auszuführen.

Belastend ist auch die Beeinträchtigung feinmotorischer Abläufe: Die Tabletten, die Hemdknöpfe, die Münzen in der Geldbörse sind kaum zu greifen, die Zeitung ist nicht umzublättern, der Keks wird im Zufassen zerdrückt. Der Erkrankte führt die Bewegungsprobleme manchmal auf Merkmale der äußeren Umgebung zurück und ist verwirrt, wenn er feststellt, dass er sich täuscht: Beim Aufstehen aus dem Sitzen hat er den Eindruck, auf der Sitzfläche zu kleben, beim Rasieren die Empfindung, an der Wange hängen zu bleiben, beim Gehen das Gefühl, sich auf Glatteis zu bewegen. Das Gefühl, keine Kontrolle zu haben, verstärkt sich weiter, wenn der Körper Bewegungen ausführt, die gar nicht beabsichtigt sind: Die Hand zittert, das Bein kommt aus dem Tritt, der Oberkörper neigt sich zu Seite. Der Körper wird zum „Hampelmann, der sich als Ganzes bewegt, wenn man an einem Faden zieht" oder fühlt sich an wie eine „zitternde Maschine". Andererseits sind die Arme „schwer wie Blei", sie hängen „wie tot" herunter, an den Beinen „ziehen Gewichte". Der Körper ist „in einen Panzer gezwängt" und gleichzeitig „voller Spannung", der Erkrankte ist hin- und hergeworfen zwischen Bewegungshemmung und Bewegungssteigerung (Jacob, 1955).

Die Symptome schwanken

Symptomschwankungen, die der Erkrankte nicht vorhersagen kann, verkomplizieren die Situation. Auf symptomfreie Stunden folgen abrupte Symptomsteigerungen – bei emotionaler Erregung, unter Zeitdruck oder unter dem Gefühl der Beobachtung:

„Bin ich allein, dann geht es leidlich, guckt mir aber jemand zu, so bin ich fertig, dann beginnt die Hand furchtbar zu schlagen ... schon die Unterhaltung allein erhöht oft das Zittern, besonders, wenn gemerkt wird, dass man auf die Hand achtet" (Jacob, 1955, S. 61).

Die Reaktionen des Erkrankten können die Symptome wie in einem Teufelskreis zuätzlich steigern. Eine 53-jährige Frau befürchtete, wegen ihres Zitterns in der Öffentlichkeit aufzufallen und als alkoholkrank bezeichnet zu werden. Wenn sie am Bankschalter stand, versuchte sie, den Tremor der rechten Hand „mit Gewalt" zu unterdrücken, wodurch sich dieser aber noch weiter steigerte.

Gelegentlich werden die Symptomschwankungen, zumal sie sich kaum vorhersagen lassen, auch von den Angehörigen missverstanden: Vor einer halben Stunde war der Ehemann noch gut beweglich, jetzt soll er mit seiner

Frau zum Einkauf gehen und kann sich kaum bewegen. Sie glaubt, er sei zu bequem oder habe keine Lust, sie zu begleiten.

Der Erkrankte kann die Symptome beeinflussen

Symptomsteigerungen sind nur die eine Seite der Symptomschwankungen. Die Symptome können auch schwächer werden und vorübergehend sogar verschwinden. Das Phänomen plötzlicher Beweglichkeit wurde eindrucksvoll beim postencephalitischen Parkinson-Syndrom beschrieben. Ein jahrelang an den Rollstuhl gefesselter Patient sprang plötzlich auf, um einen Ertrinkenden zu retten (Sacks, 1992, S. 48–50). Patienten, die im Wachzustand kaum sprechen konnten, sprachen im Schlaf oder kurz nach dem Erwachen fließend (Jacob, 1955, S. 37–40).

Auch Patienten mit idiopathischem Parkinson-Syndrom erleben immer wieder einen vorübergehenden Rückgang der Symptome, wenn auch weniger dramatisch. Einige bewegen sich flüssiger, wenn sie in guter Stimmung und entspannt sind, andere führen ihre Bewegungen mithilfe von Mustern auf dem Boden oder akustischen Rhythmen aus und versuchen, die Symptome durch Verhaltensstrategien zu beeinflussen: Sie orientieren sich an Musik, nutzen Entspannungstechniken oder geben sich rhythmische Kommandos. Bereits A. Hauptmann (1922) berichtete von einem 30-jährigen postencephalitischen Parkinson-Patienten, der sich

„... gerne in heitere Gesellschaft begab,... weil er dann ‚mehr in Stimmung' sei, sich zu bewegen. Es sei dann manchmal so wie früher, dass die Handlung nämlich von selber gehe... Er könne sich auch selbst, wenn auch schwerer, in eine solche Stimmung versetzen: er ‚mache dann Feuer' hinter das, was er beabsichtige. ...er sagt, dass er sich ganz allgemein in eine gewisse innere Erregung versetze, auf Grund welcher dann die in Aussicht genommene Handlung leicht, von selbst erfolge" (S. 631–632).

Auch eine neuere Untersuchung zum „Placebo-Effekt" verdeutlicht die Beeinflussbarkeit der motorischen Symptome durch psychische Faktoren. Es ist ein bekanntes Phänomen, dass sich Patienten vorübergehend besser fühlen, wenn sie die Wirkung eines Medikamentes erwarten, selbst wenn es die therapeutische Wirksubstanz gar nicht enthält. Bei der Parkinson-Erkrankung ist dieser Placebo-Effekt allem Anschein nach mit objektiven physiologischen Veränderungen verbunden: Placebos erhöhten die Dopaminverfügbarkeit im Gehirn, und zwar in jenen Gehirnstrukturen, in denen das der Erkrankung zu Grunde liegende Dopamindefizit auftritt (Fuente-Fernández et al., 2001). Dieser Befund bestätigt klinische Beobachtungen, unklar bleibt jedoch, welche psychischen Prozesse bei der vorübergehenden Verminderung der motorischen Symptome eine Rolle spielen. Sind es positive Erwartungen? Positive Emotionen? Ist es ein Zustand körperlicher und seelischer Entspannung? – Wenn es gelingt, diese Fragen zu klären, lassen sich psychologische Methoden systematisch anwenden, um den Umgang mit den motorischen Symptomen zu erleichtern. In einer Pilotstudie, die wir selbst durchführten, zeigte sich, dass sowohl eine Kurzentspannung als auch ruhige Musik (Mozarts Kleine Nachtmusik) nicht nur das körperliche Befinden von Parkinson-Patienten verbessern können, sondern auch die objektiv messbare Motorik. Diese Wirkungen waren jedoch nur bei einem Teil der Patienten festzustellen (Macht et al., 2000). Es ist daher weiterhin zu klären, welche Patientengruppen besonderen Nutzen aus einer psychologischen Symptomkontrolle ziehen könnten.

Die Symptome verändern die Beziehung zu anderen

Eines der wichtigsten psychologischen Merkmale der Parkinson-Erkrankung ist die Sichtbarkeit der Symptome – die Erkrankung ist „öffentlich". Andere bemerken, dass sich Menschen mit Parkinson weniger und langsamer bewegen, sie bemerken die gebeugte Haltung, die kleinen Schritte, den schlurfenden Gang, das Zittern der Hände, die überschießenden Bewegungen. Außerdem verändert die Erkrankung das Ausdrucksverhalten. Menschen mit Parkinson sprechen häufig leise, langsam und monoton, sie unterstreichen ihre Mitteilungen weniger als Gesunde durch Mimik und Gestik, sie drücken ihre Gefühle nicht so lebendig aus. Es fehlt die Vielzahl kleiner, beiläufiger Bewegungen, die unser Kommunikationsverhalten normalerweise begleitet – Zurechtrücken der Brille, Augenzwinkern, Hochziehen der Augenbrauen, ein spontanes Lächeln oder Runzeln der Stirn. Unvoreingenommene Beobachter beurteilen Menschen mit Parkinson negativer als gesunde Personen (Katisikitis & Pilowski, 1991; Smith et al., 1996). Das verminderte Ausdrucksverhalten scheint zwangsläufig den Eindruck zu erwecken, der Patient sei „zurückgezogen", „starr" oder „gefühlsarm", obwohl er nicht mehr oder weniger Gefühle erlebt als andere (Pitcairn et al., 1990a, b; Walter, 2000). Unter Umständen wird seine Persönlichkeit als verändert wahrgenommen, gerade von nahe stehenden Personen. Eine Ehefrau sagte:

„Mein Mann hat sich in seiner Persönlichkeit verändert. Er ist langsamer, weniger spontan, weniger unternehmungslustig und ängstlicher geworden – eigentlich habe ich einen Menschen mit einer anderen Persönlichkeit geheiratet."

Menschen mit Parkinson erfahren, dass andere sie negativ bewerten und ablehnend reagieren, können dem aber kaum entgegenwirken – eben weil ihre Verständigung erschwert ist: „Der Parkinsonkranke", schrieb der Psychiater W. Schulte, „leidet wie kaum ein anderer Kranker unter der ihm widerfahrenden Einschätzung durch die Umwelt. Andererseits hat er keine Möglichkeit, den Eindruck, den er zwangsläufig macht, zu widerlegen" (W. Schulte, 1964, S 450).

Die Erkrankung führt zu psychischen Belastungen

Bei der Parkinson-Erkrankung sind die Bewegungen einerseits vermindert, andererseits sind sie gesteigert, und zwar jeweils dann, wenn sie es nicht sein sollen. Die Patienten werden manchmal von einem Extrem in das andere geworfen. Sie verzweifeln, wenn Handlungen, die so lange selbstverständlich waren, kaum mehr gelingen. Schwierigkeiten in der Verständigung und negative Reaktionen anderer kommen hinzu. Die Erkrankten fühlen sich Umständen ausgeliefert, die sie nicht beeinflussen können. Auch Ehepartner, Verwandte und Freunde sind belastet. Sie fühlen sich verpflichtet zu helfen und überfordern sich, oder sie helfen im Übermaß und schränken den Erkrankten ein.

Die Patienten und Angehörigen erleben depressive Verstimmungen, Angstzustände, Schlafstörungen, sexuelle Probleme und Belastungen der Partnerschaft (z. B. Ellgring et al., 1989). Die Belastungen können monatelang andauern, hemmen die Krankheitsbewältigung und verschlechtern den körperlichen Zustand. In einer Umfrage an 3075 Mitgliedern der Deutschen Parkinson Vereinigung, der Selbsthilfeorganisation für Parkinson-Patienten in Deutschland, berichtete ein beträchtlicher Teil der befragten Patienten (Macht, Schwarz & Ellgring, 1999) von psychischen Belastungen:

- Etwa zwei Drittel erlebten häufig Symptomsteigerung „selbst bei geringem Stress oder gefühlsmäßiger Aufregung“.
- Mehr als die Hälfte der männlichen Patienten war mit sexuellen Problemen konfrontiert.
- Etwa ein Drittel der befragten Patienten berichtete von Schlafstörungen, Problemen in der Verständigung und Belastungen durch das Angewiesensein auf Hilfen anderer.
- Etwa ein Viertel der befragten Personen litt unter depressiven Verstimmungen und Angstzuständen.

Es verwundert nicht, dass viele der Patienten psychologische Unterstützung als hilfreich einschätzten. Hierbei ist es jedoch ein Problem, dass die psychischen Belastungen mehr noch als die körperlichen Symptome individuell verschieden sind. Zudem können ein und derselben Belastung unterschiedliche Ursachen zu Grunde liegen. Sexuelle Störungen können bedingt sein durch die Bewegungseinschränkungen, durch Veränderungen der Durchblutung oder des Hormonhaushalts, durch Nebenwirkungen der Anti-Parkinson-Medikamente, durch Veränderungen in der Partnerschaft und durch psychische Faktoren wie Angst und Depression. Als Ursachen depressiver Verstimmungen kommen neurochemische Faktoren ebenso in Frage wie negativ verzerrte Denkmuster. Vor der Behandlung psychischer Belastungen ist daher im Einzelfall zu klären, welche Faktoren jeweils eine Rolle spielen. Erst dann kann eine zielgerichtete Behandlung erfolgen.

Die Fälle

Bereits W. Schulte (1964) regte die Anwendung psychotherapeutischer Methoden bei der Parkinson-Erkrankung an, systematische psychologische Interventionsprogramme sind bisher jedoch nur in Ansätzen vorhanden (Ellgring et al., 1989, 1990a, 1990b; Leplow et al., 1993; Strehl & Birbaumer, 1996; Macht et al., 1999b; Macht & Ellgring, 2003). Ein Grund hierfür liegt sicherlich in der Heterogenität der Patienten. Bereits in den Merkmalen der Grunderkrankung unterscheiden sie sich deutlich, umso mehr in den psychischen Belastungen. Unter diesen Bedingungen erweist es sich als schwierig, Behandlungseffekte in kontrollierten Gruppenstudien nachzuweisen. Es lohnt sich daher, psychologische Interventionen zusätzlich anhand von Einzelfällen zu beschreiben (und damit Traditionen in der klinischen Neuropsychologie und Verhaltenstherapie zu folgen).

Die hier beschriebenen Therapien beruhen, wie die meisten der bisher bei der Parkinson-Erkrankung angewendeten Interventionsmethoden, auf den Konzepten der modernen Verhaltenstherapie (z. B. Kanfer, Reinecker und Schmelzer, 1996). Wesentliche Merkmale des verhaltenstherapeutischen Vorgehens sind die folgenden:

- Die grundlegende Annahme ist, dass *Lernprozesse* das menschliche Verhalten steuern. Daher sind auch Probleme im Verhalten durch Umlernen zu lösen.
- Die Interventionsmethoden haben ihre Grundlage in der empirisch-wissenschaftlichen Psychologie und werden, wenn möglich, in ihren Wirkungen auch im Einzelfall dokumentiert.
- Vor der Intervention wird eine Verhaltensanalyse durchgeführt (Haynes & O'Brien, 1990). Sie richtet sich auf Verhaltensweisen, gedankliche, emotionale und körperliche Reaktionen in aktuellen Alltagssituationen und bildet die Leitlinie für die Auswahl und Durchführung der Intvention.

Die im Folgenden berichteten Verhaltenstherapien wurden ambulant durchgeführt. Die behandelten Parkinson-Patienten waren durch die Folgen ihrer Erkrankung psychisch so stark belastet, dass sie psychologische Unterstützung suchten. Sie unterscheiden sich im Ausmaß und in der Art der körperlichen Einschränkung und psychischen Belastungen beträchtlich. Angelika R., eine 40-jährige allein stehende Verwaltungsangestellte, hatte die Diagnose erst vor kurzem erhalten. Obwohl sie kaum motorische Symptome zeigte und von der Hilfe anderer völlig unabhängig war, wurde sie von Ängsten und depressiven Verstimmungen heimgesucht. Fritz G., ein 45-jähriger verheirateter Handwerksmeister war seit fünf Jahren erkrankt; er kam im Alltag noch gut zurecht, doch belasteten die motorischen Symptome seine Ehe. Herr A. war 77 Jahre alt, Beamter im Ruhestand, und seit 13 Jahren erkrankt. Er hatte sich jahrelang gut mit der Erkrankung zurechtgefunden, doch jetzt stand er vor nie gekannten Problemen: plötzlichen Bewegungsblockaden, die wie aus heiterem Himmel auftauchten. Auch Herr I., ein 74-jähriger pensionierter Richter, war schon seit mehr als 10 Jahren erkrankt. Er litt unter sehr starken körperlichen Einschränkungen, vor allem an Steifigkeit und Sturzanfälligkeit. Seine über 50-jährige Ehe geriet in eine Krise, als die Erkrankung auch für seine Frau kaum mehr zu ertragen war. Die Fallberichte zeigen exemplarisch, wie die Bewältigung psychischer Belastungen bei der Parkinson-Erkrankung durch verhaltenstherapeutische Methoden gefördert wird.

Angelika R. oder
Auch wer gesund ist, kann unglücklich sein

Angelika R. hatte die Diagnose eines idiopathischen Parkinson-Syndroms vor sechs Monaten erhalten. Der Verdacht war bei einer amtsärztlichen Untersuchung aufgetaucht, die endgültige Diagnose wurde ihr während eines Klinikaufenthaltes mitgeteilt – „auf dem Krankenhausflur, zwischen Tür und Angel."

Die Diagnose wirkte wie ein Schock. Angelika R. wurde von Ängsten heimgesucht: Wann würde man sie in der Öffentlichkeit „schief ansehen", weil sie zitterte oder zu langsam über die Straße ging? Wann würde sie im Rollstuhl sitzen und von der Hilfe anderer abhängig sein? Würden sich Freunde, würde sich ihr Partner von ihr abwenden?

Sie wollte mehr über ihre Erkrankung wissen und las Bücher und Broschüren. Was sie las, machte sie noch unglücklicher. Im medizinischen Wörterbuch wurden Krankheitssymptome beschrieben, die ihre Befürchtungen bestätigten: „Maskengesicht, leises und monotones Sprechen, Stimmungsschwankungen, Nachlassen der Sexualfunktionen." In einer Broschüre für Patienten wurden mechanische Hilfsmittel zum Essen, Anziehen und für die Körperpflege empfohlen. Sie las, dass sich manche Patienten auf der Toilette sitzend nicht mehr umdrehen konnten, um das Klopapier zu ergreifen. Angelika R. dagegen war alles andere als gebrechlich, die Erkrankung war ihr nicht anzusehen. Sie war eine zierliche Frau von etwa vierzig Jahren und wirkte jung und mädchenhaft. Die blonden Haare waren halblang, die blauen Augen sanft und freundlich. Sie hatte nur leichte körperliche Beschwerden: Der rechte Arm wurde steif und zitterte ein wenig, wenn die Wirkung der Medikamente nachließ. Sie war medizinisch gut versorgt und im Alltag unabhängig, und dennoch war sie verzweifelt und zeigte alle Anzeichen einer Depression: Sie fühlte sich traurig, niedergeschlagen und wertlos, schlief schlecht und hatte wenig Freude am Leben. Sie reagierte ängstlich auf andere und vermied neue soziale Kontakte. „Mein Leben ist wie ein Kartenhaus zusammengefallen", sagte sie, „bald wird es nicht mehr lebenswert sein."

Das Leben vor der Erkrankung

Angelika R.s depressive Reaktion auf die Erkrankung war vor dem Hintergrund ihrer Lebensgeschichte zu erklären: Schon Kindheit und Jugend waren belastet, und mit dem Parkinson kehrten die Ängste früherer Zeiten zurück.

Die Last der Vergangenheit

Sie war zehn Jahre alt, als die manisch-depressive Erkrankung der Mutter ausbrach. Mehrfach hatte die Mutter versucht, sich das Leben zu nehmen, und war in Kliniken eingewiesen worden. Angelika schämte sich in der Öffentlichkeit, etwa wenn die Mutter beim Essen im Restaurant zitterte. Auch das Verhältnis zum Vater war schwierig. Sie bewunderte ihn und bemühte sich um seine Zuneigung, doch er war ständig beschäftigt. Er arbeitete viel, kümmerte sich um seine Frau und studierte philosophische Werke – für die beiden Töchter hatte er kaum Zeit. Wichtig war ihm, dass sie „anständig" blieben und in der Schule gute Noten hatten. Angelika fühlte sich einsam. Sie erinnerte sich, dass sie oft mit dem Gesicht zur Wand im Bett lag und an der Tapete zupfte. In der Schule war sie schüchtern und ängstlich: „Ich führte ein Mauerblümchen-Dasein." Im Zeugnis stand: „Sie ist zu still."

Nach dem Abitur wollte sie weit weg von zu Hause. Sie ging nach Berlin, lebte in einer „Post-68er-Wohngemeinschaft" und studierte Politologie. Sie erzählte, es sei ihr schwer gefallen, sich an der Universität durchzusetzen – wieder litt sie unter ihrer Schüchternheit: „Nach zwei Semestern habe ich das Studium geschmissen und nur noch gejobbt. Ich habe die Flinte schnell ins Korn geworfen." Doch war jene Zeit auch unbeschwert. Sie konnte endlich tun und lassen, was sie wollte, und genoss es, „frei von Konventionen" zu leben. Sie kostete ihre Freiheit aus, hatte etliche Beziehungen, nahm an Demonstrationen teil, probierte Drogen und meditierte.

Nach den „wilden Berliner Jahren" zog sie in die Nähe Stuttgarts und arbeitete als Verwaltungsangestellte bei der Bahn – inzwischen seit zwanzig Jahren. Sie war finanziell abgesichert, hatte aber wenig Freude an der Arbeit. Sie fühlte sich unterfordert und träumte davon, einmal „etwas ganz Anderes zu machen". Der Vater war vor zehn Jahren verstorben, die Mutter, jetzt 69 Jahre alt, lebte in einem Altenheim in Norddeutschland. Während Angelikas Schwester vor Jahren geheiratet hatte, war sie allein geblieben. Sie hatte mehrere Partnerschaften, die längste dauerte dreieinhalb Jahre, die meisten waren kürzer. Sie zweifelte an ihrer „Beziehungsfähigkeit" und sagte: „Ich habe immer versucht, dem Mann alles recht zu machen, und war zu lieb. Es endete damit, dass mich die Männer verließen."

Sie wünschte sich aus tiefstem Herzen eine feste Partnerschaft: „Das ist die große Sehnsucht in meinem Leben, der Wunsch nach mehr Sicherheit."

Die Probleme

Angelika R. wurde von sozialen Ängsten und von Zukunftsängsten heimgesucht.

Die Gegenwart der Zukunft

Die Parkinson-Erkrankung verhieß eine Zukunft, die belastet war wie die Vergangenheit. Angelika R. erwachte schon am frühen Morgen mit dem Gedanken: „Ich bin an Parkinson erkrankt: Wie soll es nur weitergehen?“ Sie befürchtete, mit dem Fortschreiten der Erkrankung bald nicht mehr das Leben führen zu können, das sie sich erhoffte: Der Parkinson würde den Alltag beherrschen und „bösartig“ verlaufen, man würde sie für neue, erfolgversprechende Behandlungen nicht berücksichtigen, sie würde sich die Pflege nicht leisten können und verarmen, sie würde im geistigen Verfall enden. Sie spielte mit dem Gedanken, ihrem Leben ein Ende zu setzen: „Die Vorstellung, mich einmal umzubringen, erleichtert mich.“

Am Beispiel der Mutter hatte sie erlebt, wie verhängnisvoll sich eine chronische Erkrankung auswirken konnte, mit dem Ausbruch der eigenen Erkrankung verstärkte sich die Angst, das Schicksal der Mutter zu erleiden, „so zu werden wie sie“. Sie wusste: Die manisch-depressive Erkrankung der Mutter unterschied sich grundlegend von ihrer Parkinson-Erkrankung, und dennoch beobachtete sie das gelegentliche Zittern ihres rechten Armes mit Unbehagen, weil auch die Arme ihrer Mutter, bedingt durch die Langzeitmedikation, manchmal gezittert hatten. „Niemals wollte ich wie meine Mutter sein, aber jetzt werde ich ihr immer ähnlicher. Sie hat mich eingeholt.“

Die anderen sehen mich schief an

Angelika R. glaubte, andere würden negativ auf die Erkrankung reagieren. Sie fragte sich: Hat man schon bemerkt, dass mein rechter Arm beim Gehen nicht mitschwingt? Werden sich meine Freunde zurückziehen, wenn die Symptome stärker sichtbar sind? Wird man mich in der Öffentlichkeit wegen des Zitterns als Alkoholikerin verdächtigen? Mit dem Parkinson hatte sich ihre alte Schüchternheit verstärkt. Im Restaurant ging sie nicht zur Toilette, damit man ihren Gang nicht beobachten konnte. Auf Partys fiel es ihr schwer, Gespräche zu beginnen, sie geriet ins Abseits und war wieder „das Mauerblümchen“: „Ich habe Angst, dass mich die anderen nicht mögen, wenn ich so bin, wie ich wirklich bin.“

Die Erkrankung veränderte auch die Beziehung zu Andreas, einem Lehrer, den sie über eine Kontaktanzeige kennen gelernt hatte. In den ersten Wochen ihrer Bekanntschaft war sie noch unschlüssig gewesen, ob sie zueinander passten, nachdem die Diagnose feststand, entschied sie sich für eine Partnerschaft: „Ich kann jetzt nicht mehr sagen, später finde ich noch einen anderen". Nach der ersten gemeinsamen Nacht erzählte sie ihm von der Erkrankung. Er war verständnisvoll, aber sie bemerkte, dass er wenig darüber wusste. Sie fragte sich: Wie wird er sich verhalten, wenn er einmal mehr darüber weiß?

Wann wird er mich verlassen?

Sie trafen sich an den Wochenenden und gingen ins Kino, ins Theater, in Konzerte. Sie führten lange Gespräche und unternahmen Waldläufe und Spaziergänge, sie genossen es, zusammen zu sein. Es war eine „wunderbare Zeit", und sie fühlte sich manchmal „wie im Paradies". Die Erkrankung trat in den Hintergrund.

Wenn sie dagegen unter der Woche alleine war, tauchten die Zweifel auf: Wird die Partnerschaft von Dauer sein? Werde ich meine körperliche Attraktivität verlieren? Wird die Erkrankung die Sexualität beeinträchtigen? Wie wird mein Partner reagieren, falls ich inkontintent werde? Werde ich die gleichen Fehler wie in meinen früheren Beziehungen machen? Werden wir mit unseren Unterschieden fertig? Wie wird er mit einer Zunahme der körperlichen Symptome umgehen? – „Wahrscheinlich muss man den anderen schon sehr lieben", sagte sie, „damit man sich *nicht* trennt, wenn er Parkinson hat."

Nach den ersten Monaten der Beziehung häuften sich kleine Streitereien. Sie erinnerte sich an einen gemeinsamen Wochenendurlaub. Sie war zur Abreise verspätet erschienen, sodass er warten musste. Er war ungeduldig und schlecht gelaunt und empfing sie mit der Bemerkung: „Frauen brauchen immer so lange!"

Sie fühlte sich an eine Situation aus der Jugendzeit erinnert: Sie hatte dem Vater beim Autowaschen geholfen und sich bemüht, sorgfältig zu arbeiten, doch anstelle von Lob erntete sie Kritik wegen ihrer „Langsamkeit". Auch bei der Reisevorbereitung hatte sie sich Mühe gegeben, doch mit der Parkinson-Erkrankung brauchte sie manchmal mehr Zeit und konnte nicht immer pünktlich sein. Während der Fahrt gerieten sie über die Lautstärke des Autoradios in Streit, sie wollte die Musik leiser stellen, doch er schob ihre Hand beiseite. Sie schwieg, gekränkt und verärgert. Sie befürchtete, den Streit zu verschlimmern und die Beziehung zu gefährden.

Einige Wochen später entschied Andreas, sich zu trennen. Angelika war hart getroffen, und fand ihre Befürchtungen bestätigt: Mit der Parkinson-Erkrankung würde sie keinen Partner finden. Sie würde alleine bleiben bis zum Ende.

Exkurs: Depressionen bei der Parkinson-Erkrankung

Depressionen werden als häufigste psychische Störung bei der Parkinson-Erkrankung angesehen – es ist allerdings unklar, wie häufig sie tatsächlich auftreten. Die Untersuchungsergebnisse hierzu unterscheiden sich beträchtlich (Haltenhof & Schröter, 1994; Brown & Jahanshahi, 1994). Unklar sind auch die Ursachen. Zwei Entstehungsmodelle werden diskutiert.
Nach dem *reaktiven Modell* ist die Depression eine psychische Reaktion auf die Erkrankung – auf die Verluste und Belastungen, die sie mit sich bringt. Nach dem *organischen Modell* ist sie eine Folge der neurochemischen Störung im Gehirn. Die Modelle haben unterschiedliche Konsequenzen für die Behandlung. Aus dem organischen Modell folgt die medikamentöse, aus dem reaktiven Modell die psychologische Behandlung. Beide Sichtweisen werden oft einander gegenübergestellt, doch es ist offenkundig, dass sie sich nicht ausschließen. Der Psychiater Haltenhof nimmt an, dass der körperliche Abbauprozess, welcher der Parkinson-Erkrankung zu Grunde liegt, „zwar einen wesentlichen Faktor für die Entstehung von Depressionen darstellt, dass aber weitere Momente hinzukommen müssen ..." (Haltenhof & Schröter, 1994; S. 97). Hierzu zählt er die Persönlichkeit des Kranken, sein Krankheitserleben und sein soziales Umfeld.
Körperliche und psychische Faktoren wirken bei der Entstehung von Depressionen beim Parkinson-Syndrom zusammen, aber ihre jeweiligen Anteile können sich von Patient zu Patient unterscheiden. Daher ist vor der Behandlung eine individuelle Analyse der depressiven Verstimmung notwendig. Bei Parkinson-Patienten wird sie jedoch selten durchgeführt. Da die Grunderkrankung bereits medikamentös behandelt wird, liegt es nahe, auch zur Behandlung von Depressionen Medikamente zu verwenden.
Ein wesentlicher Ansatzpunkt der psychologischen Depressionsbehandlung ist die gedankliche Verarbeitung der Erkrankung (Beck et al., 1986). Patienten mit vergleichbarer Krankheitsschwere unterscheiden sich oft erheblich in der Stimmungslage, weil sie sich mit der Erkrankung auf unterschiedliche Weise auseinander setzen. Während sich depressive Patienten zum Beispiel hilflos ausgeliefert fühlen und zukünftige Verschlechterungen befürchten, neigen gut gestimmte Patienten zu der Ansicht, dass es „Schlimmeres als Parkinson gibt", und versuchen, ihren Zustand zu beeinflussen und wieder Kontrolle über ihr Leben zu gewinnen (Dakof & Mendelsohn, 1989). Es kann daher hilfreich sein, die gedankliche Verarbeitung der Erkrankung gezielt zu verbessern.

Problemanalyse

Angelika R.s depressive Verstimmung war eher durch psychische als durch körperliche Faktoren verursacht: Der Schlüssel zum Verständnis der Problematik waren die gedanklichen Reaktionen auf die Erkrankung. Angelika R.s Befinden war durch düstere Zukunftsvorstellungen geprägt: Sie würde unter Schlafstörungen, Kreislaufproblemen, Halluzinationen, Inkontinenz und sexuellen Störungen leiden. Sie würde Aktivitäten, die ihr wichtig waren, verlieren. Die Erkrankung würde Freunde, Verwandte und ihren Partner belasten (wenn sie jemals noch einen Partner finden sollte). Man würde sie in der Öffentlichkeit herabsetzend behandeln, und sie würde bald von der Hilfe anderer abhängig sein. Ihr Alltag war von Situationen durchsetzt, die solche Vorstellungen auslösten: Wenn die körperlichen Symptome ins Bewusstsein drängten, wenn sie die Medikamente einnahm, den Arzt aufsuchte oder auf die Erkrankung angesprochen wurde.

Die Neigung zu negativen gedanklichen Reaktionen war in ihrer Lebensgeschichte angelegt. Sie hatte schon als Heranwachsende wenig Bestätigung erfahren und fühlte sich auch jetzt unsicher – in der Einschätzung der eigenen Fähigkeiten, im Umgang mit anderen. In Beziehungen mit Männern hatte sie Konflikte vermieden statt sie auszutragen. Scheiterte eine Beziehung, suchte sie die Schuld bei sich. Der Parkinson hatte ihre Unsicherheit verstärkt: Sie reagierte ängstlich und vermied neue soziale Kontakte. War sie mit „Gesunden" zusammen war, fühlte sie sich ausgeschlossen – als wäre sie „aussätzig".

Behandlung

Für Angelika war der Parkinson eine Katastrophe wie einst die Erkrankung der Mutter. War es möglich, den Parkinson zu „entkatastrophisieren" und auf diesem Weg die depressive Verstimmung zu vermindern? War es möglich, die Angst im Umgang mit anderen zu bewältigen?

„Ihre Symptome sind derzeit keine Einschränkung", sagte ich, „Sie können das Leben noch genießen. Andere Patienten sind viel stärker betroffen."

„Auch ich werde bald stärker betroffen sein, meine Symptome werden zunehmen. Vielleicht habe ich einen bösartigen Verlauf."

„Wahrscheinlich können Sie noch jahrelang ohne größere Einschränkung leben. Die Erkrankung wird Ihr Leben nicht verkürzen. Und selbst wenn Sie die Erkrankung behindert, bleiben Möglichkeiten, das Leben auszuschöpfen. Eine Krebserkrankung wäre bedrohlicher."

„Das beruhigt mich nicht. Ich könnte auch noch Krebs bekommen!"

Ich schlug vor, die Symptome, die sie fürchtete, aufzulisten. Wir könnten dann gemeinsam prüfen, welches Symptom mit einer tatsächlichen Bedrohung verbunden war. Es war schließlich keineswegs gesichert, dass sie im weiteren Verlauf der Erkrankung alle Einschränkungen erleiden müsste, die sie befürchtete.

Die Übung erleichterte sie nicht, im Gegenteil, sie erlebte das Sprechen über die zahlreichen Symptome wie die „Verkündigung eines Todesurteils".

Sie sagte: „Die Symptome schränken mich zwar *noch* nicht ein, und andere Patienten sind stärker betroffen, aber ich *bin* an Parkinson erkrankt, und der Parkinson schreitet fort!“ Sie weinte, wie so oft in den ersten Monaten der Therapie, und meine Argumente verstärkten ihre Verzweiflung statt sie zu lindern. Je mehr ich versuchte, sie zu überzeugen, desto weniger war sie bereit, neue Denkweisen zu erproben.

Meistens erwarte ich nichts Gutes

„Man überzeugt sich für gewöhnlich besser mit Gründen, die man selbst gefunden hat, als mit denen, die im Geist eines anderen entstanden sind,“ hatte schon Blaise Pascal (1881, Original: 1670) geschrieben. In der aktuellen Fachliteratur ist zu lesen, es sei das Ziel der kognitiven Therapie, den Patienten dahin zu führen, sein Denken zu überdenken, selbst Schlussfolgerungen zu ziehen und auf diesem Weg zu günstigeren Sichtweisen zu finden (Tuschen & Fiegenbaum, 1996, S. 391). Ich änderte meine Strategie: Statt zu argumentieren, hörte ich zu und stellte Fragen. Wir sprachen über Alltagssituationen, in denen sie niedergeschlagen und deprimiert war, und versuchten, ihre Gedankengänge in diesen Situationen genau zu beschreiben. Ein Beispiel: Seitdem sie erkrankt war, fiel es ihr schwer, der alten Gewohnheit zu folgen, in den Abendstunden Geschirr zu spülen. Sie war müde und abgespannt, hatte Rückenschmerzen und bemerkte, dass sich ihre Bewegungen verlangsamten. Während sie am Spülbecken stand, gingen ihr Gedanken durch den Kopf, die belastende Gefühle auslösten. Wir zeichneten die Gedankenkette auf ein Blatt Papier (Abbildung 1):

„In der Situation tauchen diese Gedanken automatisch auf“, sagte sie, „doch jetzt sehe ich, dass sie nicht schlüssig sind. Aus der Tatsache, dass ich weniger leistungsfähig bin, folgt nicht zwingend, dass mein Leben bald sinnlos ist.“

Müdigkeit
Bewegungsverlangsamung
Rückenschmerzen

Auslöser

„Vor meiner Erkrankung konnte ich abends ohne Probleme Geschirr spülen."

„Ich bin nicht mehr so leistungsfähig und werde bald noch weniger leistungsfähig sein."

Negative Gedanken

„Ich kann das Fortschreiten der Erkrankung nicht aufhalten."

„Mein Leben wird bald sinnlos sein."

„Es wäre am besten, ich würde nicht mehr leben."

Traurigkeit
Verzweiflung
Hoffnungslosigkeit

Belastende Gefühle

Abbildung 1: Negative Gedanken in einer Alltagssituation

Wir untersuchten weitere Belastungssituationen und sie entdeckte Einstellungen, die in verschiedenen Situationen wirksam waren – beim Einkaufen, bei der Krankengymnastik, beim Zusammensein mit Freunden: „Ich bin sehr selbstkritisch, ängstlich, habe hohe Ansprüche an mich selbst und erwarte meistens nichts Gutes. Wenn etwas nicht klappt, mache ich mich nieder. Das kann soweit gehen, dass ich mich an der Parkinson-Erkrankung schuldig fühle. Oder ich denke: Wenn meine Kindheit anders verlaufen wäre, hätte ich den Parkinson nicht bekommen".

Wir nahmen uns viel Zeit, um ihre Denkmuster und Einstellungen zu analysieren. Als Arbeitshilfe dienten uns Tabellen – wir sammelten ungünstige Sichtweisen, diskutierten ihre Konsequenzen und suchten nach günstigeren Alternativen (Abbildung 2).

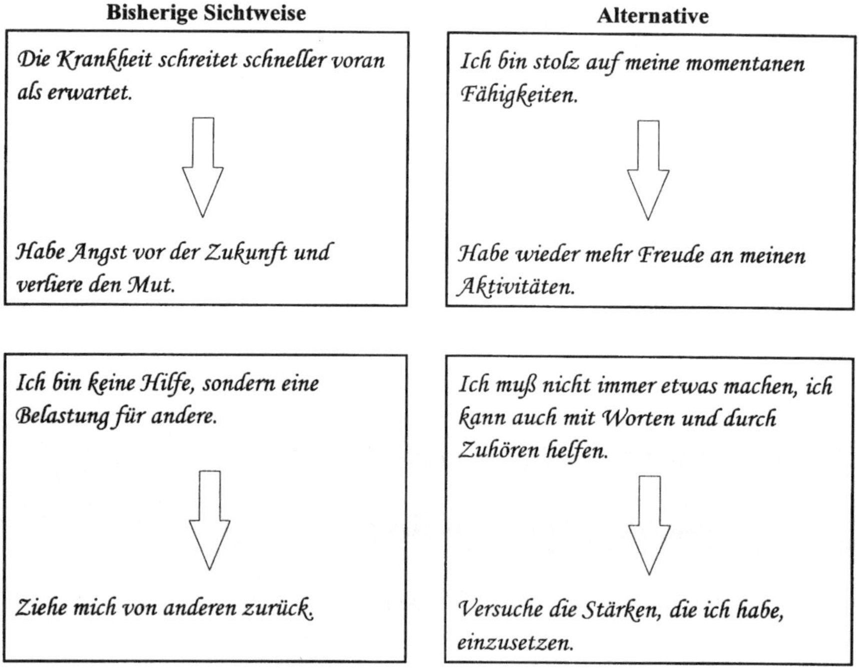

Abbildung 2: Veränderung situationsübergreifender Denkmuster

Es ist erleichternd, das Unabänderliche zu akzeptieren

Angelika R. lernte, anders über ihre Erkrankung zu denken – und dennoch war die Erkrankung nicht zu leugnen: Es war offensichtlich, dass die körperlichen Beschwerden in Zukunft zunehmen würden. Die Erkrankung war in der Tat bedrohlich, und es galt, mit dieser Bedrohung zu leben. „Irrationale“ Ängste waren zwar durch Umdenken zu entkräften, doch wie waren „rationale“ Ängste zu bewältigen? Wie sollte sie ihrer wohl begründeten Furcht begegnen, im Verlauf der Jahre mehr und mehr Einschränkungen zu erleiden?

Das wesentliche Element jeder Angstbewältigung ist die Konfrontation mit den angstauslösenden Reizen. Die Konfrontation eröffnet die Erfahrung, die Bedrohung auszuhalten, ohne „zu Grunde zu gehen“, und Strategien zu entwickeln, sich mit der Erkrankung auseinander zu setzen, statt vor ihr zu fliehen. Wieder gab ich Angelika R. die Aufgabe, ihre Ängste aufzuschreiben. Sie ordnete die Ängste nach ihrer Stärke, und wir diskutierten mögliche bedrohliche Entwicklungen. Das Sprechen über die Bedrohung war anfangs belastend, sie weinte immer wieder, doch im Laufe der Zeit fiel es ihr leichter. Nach Wochen sagte sie: „Es erleichtert, das Unabänderliche zu akzeptieren, statt immer nur dagegen anzukämpfen. Ich fühle mich nicht mehr wie gelähmt, ich kann wählen. Ich kann mich glücklich fühlen, obwohl ich krank bin, und ich könnte unglücklich sein, selbst wenn ich gesund wäre.“

Ich habe mehr Mimik, als ich dachte

Angelika R. hatte ihre Erkrankung akzeptiert. Im Kontakt mit anderen dagegen war sie nach wie vor verunsichert. Sie befürchtete, andere würden sie ablehnen, weil sie keine „interessante Gesprächspartnerin" sei. Ich hatte jedoch einen anderen Eindruck: Sie wirkte sympathisch und lebendig und war alles andere als uninteressant.

„Ich kann gut mit Ihnen reden", sagte ich, „Sie sind eine sehr angenehme Gesprächspartnerin, und ich höre Ihnen gerne zu."

„Im Gespräch mit Ihnen bin ich auch entspannt, denn ich weiß, dass Sie mir wohl gesonnen sind – Sie sind mein Therapeut."

Ich gab ihr die Aufgabe, mit anderen Personen über die Erkrankung zu sprechen. Bisher hatte sie angenommen, ihre Freundin wolle nichts davon wissen, jetzt stellte sie fest, dass diese froh war, endlich ausführlich darüber zu sprechen. In einer weiteren Aufgabe äußerte sie in Alltagssituationen gezielt Bedürfnisse: Sie bat ihren Nachbarn, die Wohnungstüre leiser zu schließen; sie überredete den Museumswärter, sie einzulassen, obwohl der Einlass gerade erst beendet war; sie fragte den Arzt nach genaueren Informationen zu den Medikamenten. Diese kleinen Erfolge waren ermutigend, doch sie meinte, das eigentliche Problem sei damit nicht gelöst:

„Ich konnte meine Gefühle noch nie richtig zeigen. Ich bin zu zurückhaltend, mein Gefühlsausdruck war immer schon zu gleichförmig. Durch die Parkinson-Erkrankung ist er noch gleichförmiger geworden."

Wiederum hatte ich einen anderen Eindruck. Sie hatte eine lebendige Mimik, ein stilles, ansteckendes Lachen, das mit einer leichten Bewegung der Mundwinkel begann, sich allmählich über das Gesicht ausbreitete und schließlich die Augen erstrahlen ließ. Sie „sprach" mit den Augen – durch Fältchen am Augenrand, durch Bewegungen der Brauen, durch Veränderungen der Pupillengröße. Wie konnte sie „mehr Gefühl" für ihren Gefühlsausdruck entwickeln?

Wir beobachteten zunächst Videoaufnahmen von Schauspielern, die Gefühle darstellten – Angst, Ärger, Freude, Ekel, Verzweiflung. Welche Veränderungen des stimmlichen und mimischen Ausdrucks, der Gestik und der Körperhaltung waren in den Aufnahmen zu entdecken? Angelika R. hatte ein gutes Beobachtungsvermögen. Bei der Darstellung von Ärger notierte sie: „Laute und aggressive Stimme, starrer Blick, starke und ruckartige Augenbewegungen, nach oben gezogene Schultern, ‚Zähnefletschen'". Bei Freude: „strahlende Augen, angehobene Augenbrauen, lächelnder Mund, geöffnete Arme, fröhliche Stimme". Sie musste häufig lachen, während sie die Videos betrachtete – und zeigte dabei selbst ausgeprägte mimische Reaktionen.

Die nächste Aufgabe bestand darin, zu Hause vor dem Spiegel Gefühle darzustellen und die eigene Mimik zu beobachten. Sie entdeckte zahlreiche Nuancen ihres Ausdrucksverhaltens:

„Wenn ich verzweifelt bin, ...
... sind meine Mundwinkel nach unten gezogen,
... habe ich Falten am äußeren Augenrand,

... ist mein Kopf nach vorne geneigt,
... halte ich die Hände vors Gesicht.
Wenn ich mich freue, ...
... zeigen meine Mundwinkel nach oben,
... ist meine obere Zahnreihe sichtbar,
... sind meine Wangen nach oben geschoben,
... mache ich kleine Augen.
Wenn ich mich ärgere, ...
... ziehe ich die Augenbrauen zusammen,
... runzle die Stirn,
... reiße meine Augen auf,
... spanne die Muskeln an."

Wir setzten die Übungen vor der Videokamera fort. Die Aufgabe war, gefühlsbetonte Sätze mit möglichst starkem Ausdruck zu sprechen:

- „Das ist aber eine schöne Überraschung!",
- „Iiih, erzähl das bitte nicht beim Frühstück!",
- „Du hast meinen Geburtstag vergessen!".

Anfangs fiel es ihr schwer, Gefühle vor der Kamera zu spielen – sie fühlte sich beobachtet und war gehemmt. Als wir dagegen zusammen übten, nahm ihre Angst ab. Wir verglichen unsere Aufnahmen mit den Schauspielervideos. Die Darstellungen der Schauspieler erschienen spektakulärer, doch Angelika R. entdeckte auch in den eigenen Aufnahmen mimische und stimmliche Variationen. Ihr Ausdruck war in der Regel weniger intensiv als der Ausdruck der Schauspieler, aber das war verständlich: Sie sei nun einmal von „stiller, introvertierter Art" und zeige ihre Gefühle nicht „überschäumend".

Schließlich entwickelten wir Übungen mit mehr Alltagsnähe. Wir übten im Rollenspiel die Fertigkeit, ein Gespräch zu beginnen, und variierten dabei das Verhalten des Gesprächspartners:

(a) freundlich, offen und interessiert,
(b) interessiert, doch distanziert und sachlich,
(c) desinteressiert und ablehnend.

Die Rollenspiele zeigten, dass es auch vom Verhalten des Gesprächspartners abhing, ob sich ein Gespräch entwickelte. Sie erkannte, dass distanziertes oder ablehnendes Verhalten des Gegenübers nicht durch ihr Verhalten verursacht sein musste.

Wir schlossen das Training mit einer Alltagsübung ab:

„Gehe in ein Café und setze Dich an einen Tisch, an dem schon jemand sitzt. Entscheide, ob Du ein kurzes Gespräch beginnen willst. Wenn ja, so beginne das Gespräch."

Als sie das Café betrat, war sie angespannt und spürte, dass ihre Muskelsteifigkeit etwas zunahm. Sie setzte sich zu einem jüngeren Paar, begann ein Gespräch, das gut verlief, und verließ stolz das Café. Sie schlug vor, in der nächsten Woche die Übung nochmals durchzuführen, allerdings unter erschwerten Bedingungen, nämlich ohne Medikation. Dann würde sie die körperlichen Symptome und das Gefühl der Beobachtung stärker erleben und sich noch unsicherer fühlen: „Wenn ich meinen Mantel so langsam anziehe, werden mich bestimmt alle beobachten!"

Nachdem auch diese Übung gelang, war klar: Angelika R. musste keine neuen sozialen Fertigkeiten erwerben, um sich im Kontakt mit anderen sicherer zu fühlen, es genügte, die Wahrnehmung der vorhandenen Fähigkeiten zu schärfen und sie gezielt zu verwenden: „Es geht weniger um die Frage", sagte sie, „wie stark mein Ausdruck eingeschränkt ist, sondern darum, dass ich meine Fähigkeiten nutze."

Einige Wochen nach den Übungen erzählte sie: „Ich habe Yoko Ono im Fernsehen gesehen, und plötzlich dachte ich: ‚Das ist die Lösung!' – Sie hat so lebendige Augen."

Weiterer Verlauf

Die depressiven Verstimmungen wurden seltener. Angelika R. hatte die Auswirkungen negativer Gedanken erkannt und günstigere Denkmuster gefunden, sie setzte sich mit ihren Ängsten auseinander und war im Kontakt mit anderen sicherer.

„Wann geht es Ihnen gut?", fragte ich.

„Wenn ich Geige spiele oder tanze. Dann ist alles andere weg, und ich denke nicht mehr an die Krankheit.

„Wann noch?"

„Wenn ich einen Waldspaziergang mache. Wenn ich im Kino einen schönen Film sehe. Wenn ich ein Blueskonzert besuche. Wenn ich mit meiner Freundin essen gehe. Wenn ich meine Wohnung verschönere."

Ihre Interessen waren vielfältig: Sie besuchte Kurse an der Volkshochschule, verbesserte ihr Spanisch, spielte Violine in einer Folk-Musik-Gruppe, machte krankengymnastische Übungen, joggte und spielte Klavier. Sie nutzte das kulturelle Angebot der Großstadt. Je mehr angenehme Erfahrungen sie machte, desto seltener wurden die depressiven Verstimmungen.

Gegen Ende der Therapie, nach etwa zwei Jahren, blickte sie freundlicher in die Zukunft: „Wenn ich jemanden sehe, der Parkinson hat, zieht es mich nicht mehr so runter. Ich weiß, dass es mir nicht genauso gehen muss wie dieser Person. Früher war mir die Erkrankung fremd, sie gehörte nicht zu mir, und ich wollte sie um alles in der Welt loswerden. Jetzt will ich mit niemandem mehr tauschen. Der Parkinson lässt sich nicht wegtherapieren, aber ich kann mein Befinden beeinflussen. Durch den Parkinson habe ich sogar mehr Druck, auf mein Leben zu achten, denn ich kann Dinge, die mir wichtig sind, nicht mehr wie früher aufschieben. Ich verspreche von ganzem Herzen, Dinge zu tun, die mir Spass machen und die mir gut tun."

Sie lebte unbeschwerter. Die Parkinson-Symptome waren nicht mehr Vorboten des Unheils, sondern Einschränkungen, mit denen sie leben musste. Nach einer Zeit des Alleinseins fand sie einen neuen Partner. Wolfgang war etwas älter und gesetzter als Andreas. Sie sagte: „Unsere Beziehung läuft gut. Ich versuche, mich weniger anzupassen als früher."

Nach wenigen Monaten zog Wolfgang aus beruflichen Gründen nach Dortmund und fragte, ob sie mit ihm zusammenleben wollte. Sie entschied sich, in Stuttgart zu bleiben. Sie hatte eine Wohnung in der Stadt gefunden und fühlte sich dort wohl. Sie trennten sich nach einigen Monaten, und sie war weniger unglücklich als befürchtet. „Der Wunsch nach einer Partnerschaft beschäftigt mich nicht mehr so stark. Meine jetzigen Freundschaften sind mir wichtiger als eine Partnerschaft, die nur in meiner Wunschwelt existiert. Ich denke nicht mehr ständig, ich könnte ohne die Erkrankung eher einen Partner finden. Die Erkrankung ist ein Teil von mir – ein Teil, der bleibt."

Nachbemerkung

Mehr noch als im Alter kann das frühe Auftauchen der Parkinson-Erkrankung, also um das 40. Lebensjahr oder davor, das Leben einschneidend verändern, auch dann, wenn die körperlichen Symptome nur schwach ausgeprägt sind. Jüngere Menschen sind mehr als die Älteren in Pflichten eingebunden: im Beruf, in der Familie, in der Freizeit. Ihr Blick ist eher auf die Zukunft als auf die Vergangenheit gerichtet, und sie fragen sich: Kann ich meinen Lebensplan noch verwirklichen oder wird ihn die Erkrankung, wenn sie fortschreitet, zunichte machen? Sie stehen vor der Aufgabe, trotz dieser Bedrohung, weiterhin Ziele ins Auge zu fassen. Eine Schlüsselrolle bei der Bewältigung dieser Aufgabe spielt die subjektive Bewertung der Erkrankung und der eigenen Fertigkeiten.

Angelika R.s depressive Verstimmungen wurden vor allem durch negativ verzerrte subjektive Bewertungen ausgelöst und verstärkt, und es war daher notwendig, ihre ungünstigen Denkmuster genauer zu untersuchen und allmählich zu verändern – ein Prozess, der Zeit und Anstrengung erforderte. Ihr negativ verzerrtes Denken wurde durch Erfahrungen vor der Erkrankung, die Lerngeschichte und auch durch Probleme in der Therapie verstärkt. Sobald der therapeutische Veränderungsprozess ins Stocken geriet, begann sie an der Veränderbarkeit des Problems zu zweifeln und fühlte sich wieder depressiv. Sie fragte sich: Welche Hoffnung bleibt, wenn selbst die Therapie nicht hilft?

Das entscheidende Moment zur Veränderung der negativ verzerrten Bewertungen war die minutiöse Beschreibung von Gedankenabläufen, wie sie in alltäglichen Situationen ausgelöst wurden. Dabei war es meine Aufgabe, durch Zuhören und Nachfragen ungünstige gedankliche Reaktionen aus Angelikas Beschreibungen „herauszufiltern". Hatte sie ihre gedanklichen Reaktionen einmal vor Augen, fand sie bald selbst günstigere Denkweisen. Die zweite Wirkkomponente der Therapie waren kleine und schrittweise Veränderungen des Verhaltens: in den Beobachtungsübungen zum Gefühlsausdruck, im Üben sozialer Fertigkeiten, in der Förderung angenehmer Aktivitäten. Angelika entdeckte, dass sie in der Lage war, ihren momentanen Zustand und damit auch „ihr Schicksal" zu beeinflussen – weit mehr als sie angenommen hatte.

Fritz G. oder
Der grüne Baum

„Ich habe Probleme beim Sex. Es ist eine Katastrophe.“ Vor mir saß ein großer, kräftiger Mann, Mitte vierzig, mit schwarzem Vollbart und tiefer Stimme. Seine rechte Hand schlug in schnellem Rhythmus auf den Oberschenkel. Seine Aufregung verstärkte den Tremor. Um ihn einzudämmen, legte er die linke Hand auf die rechte. Er kämpfte mit den Tränen: „Ich habe früher nie geweint, doch jetzt habe ich nah am Wasser gebaut.“ Er atmete tief ein: „Ich will wieder der Kerl sein, der ich einmal war.“

Er zog ein Blatt Papier aus der Jackentasche und hielt es mir hin – eine Liste seiner Medikamente: verschiedene Anti-Parkinson-Mittel, Vitaminpräparate, Knoblauch Dragees, ein Antidepressivum. Für jedes Medikament waren die Einnahmezeitpunkte und Dosisangaben fein säuberlich vermerkt. Auf der Rückseite des Blattes waren die Blutwerte aus der letzten ärztlichen Untersuchung protokolliert und die Ergebnisse der Blutdruckmessungen, die er selbst täglich durchführte. Er war medizinisch gut versorgt, tat alles, um die Wirksamkeit der Behandlung zu gewährleisten, und hielt sich durch körperliche Übungen fit. Morgens fuhr er auf dem Hometrainer, joggte durch den Wald und machte gymnastische Übungen.

Er erhob sich aus dem Sessel, um mir sein Gymnastikprogramm zu demonstrieren. Er legte sich auf den Rücken, zog die Beine an und streckte sie. Er verschränkte die Hände im Genick und bog seinen Oberkörper nach oben. Er drehte sich auf den Bauch und ruderte mit den Armen. Er keuchte vor Anstrengung, das Blut stieg ihm in den Kopf.

In einer Umfrage, die wir vor kurzem durchgeführt hatten, berichtete die Mehrheit der männlichen Parkinson-Patienten von erkrankungsbedingten sexuellen Problemen. Es blieb jedoch unklar, welcher Art und welchen Ursprungs diese Probleme waren. Die wenigen Untersuchungen hierzu waren dürftig in ihren Aussagen, und ich freute mich über die Gelegenheit, jetzt einen Einzelfall näher zu untersuchen. Mein Interesse an seinen sexuellen Problemen war allerdings so groß, dass mir der Blick für den Kern seiner Problematik zunächst verstellt war.

Das Leben vor der Erkrankung

„Vor der Erkrankung war alles in Ordnung," sagte er, „ich war ein glücklicher Mensch." Sein Leben war in klaren Linien verlaufen. Er war in einer idyllischen Kleinstadt aufgewachsen und hatte das Handwerk eines Spenglers erlernt. Die Arbeit war ihm gut von der Hand gegangen, er war unermüdlich und baute in der Freizeit ein Haus: „Ich hatte jeden Stein meines Hauses in der Hand", sagte er, „ein wunderbares Gefühl!"

Seine Frau hatte er im Alter von neunzehn Jahren kennen gelernt. Er sagte, sie hätten von Anfang an gespürt, dass sie zusammengehörten: „Ich wusste, wir sind füreinander gemacht." Seit fünfundzwanzig Jahren lebten sie glücklich zusammen, doch jetzt war die Ehe belastet: „Meine Frau muss meinem Verfall zusehen, und ich kann nichts dagegen tun."

Die Erkrankung

Die Diagnose eines idiopathischen Parkinson-Syndroms hatte ihn vor fünf Jahren getroffen, kurz nach seinem vierzigsten Geburtstag. Er zeigte zahlreiche körperliche Symptome: Der Gang war kleinschrittig und geriet ins Stocken, wenn er die Gehrichtung verändern musste, er litt unter dem starken Tremor der rechten Hand, unter Überbewegungen, Krämpfen im Fuß, Rücken- und Schulterschmerzen. Er schlief schlecht, weil er sich während des Schlafes kaum umdrehen konnte.

Trotz dieser Einschränkungen war er noch weitgehend selbstständig: „Ich kleide mich selbst an, auch wenn es dreimal so lange dauert wie früher. Ich kann noch Auto und Motorrad fahren. Hilfe brauche ich nur dann, wenn es schnell gehen muss oder wenn ich aufgeregt bin."

Die Symptome hatten in den letzten Jahren zugenommen, und er befürchtete, dass seine Erkrankung schnell fortschreiten würde. Er hatte sich medizinisches Wissen angeeignet, las Bücher und Artikel, war Mitglied einer Selbsthilfegruppe und stand in regem Austausch mit anderen Patienten. Er war ständig auf der Suche nach alternativen Behandlungsmethoden: „Ich hoffe, dass man bald das Kraut entdeckt, das mich vom Parkinson befreit. Und wenn man es im entlegensten Winkel der Erde entdecken würde – ich wäre sofort dort."

Die Probleme

Fritz G. übte seinen Beruf nicht mehr aus, aber im Grunde seines Herzens war er Handwerker geblieben, er war fortwährend mit Arbeiten in Haus und Garten beschäftigt, er war ständig „in Aktion“ und fand immer etwas zu tun: „Ich gehe durch Haus und Garten und komme mit einem Sack voll Arbeit zurück.“ – Die körperlichen Einschränkungen trafen ihn deshalb umso härter.

Sein „großes Hobby“ waren Schreinerarbeiten. Im Keller hatte er eine Werkstatt eingerichtet, wo er Stühle, Schränke und andere Möbel fertigte. Er arbeitete sehr sorgfältig, oft bis in die Nacht hinein. Die Arbeiten waren genau geplant. So hatte er, als vor Jahren der Walnussbaum vor seinem Elternhaus gefällt wurde, den Stamm in Scheiben schneiden lassen, um daraus einen Fußboden für sein Arbeitszimmer zu machen. Jetzt war das Holz getrocknet, und die weiteren Arbeiten standen an: Er musste die Holzscheiben in Klötze schneiden, den alten Bodenbelag entfernen, den Untergrund sorgfältig säubern und die Klötze verleimen, abschleifen und versiegeln. Würde er trotz der körperlichen Einschränkungen in der Lage sein, das Vorhaben zu verwirklichen? Er zweifelte daran und fühlte sich unglücklich.

Einschränkend war vor allem das Zittern, es verschwand nur in tiefer Entspannung oder im Schlaf. Unter Zeitdruck nahm es zu, und zwar umso stärker, je mehr er sich darüber ärgerte: „Ich bin nicht mehr Herr über meine Bewegungen, ich fühle mich wie ein Marienkäfer, der auf dem Rücken liegt.“ Er hob die zitternde Hand und sagte: „Es gibt Zeiten, da könnt’ ich sie gegen die Wand schlagen!“

Das Zittern, die Steifigkeit und die Rückenschmerzen beeinträchtigten auch andere Tätigkeiten – und davon hatte er reichlich. Er pflegte den Rasen, befreite den Garten vom Herbstlaub, trug die Blumenkästen zum Überwintern in den Keller, kaufte ein, ging zu Behörden, zur Bank, unternahm Spaziergänge, Wanderungen und Fahrradtouren, fuhr und wartete das Motorrad, half im Gasthaus seines Schwagers, besuchte die Familie seiner Tochter, suchte regelmäßig den Neurologen, den Zahnarzt und einen Akupunkteur auf, organisierte Treffen der Selbsthilfegruppe, studierte Bücher und Zeitschriften oder surfte im Internet. Er war immer in Bewegung, ohne Bewegung konnte er nicht sein: „Soll ich mein Leben im Sessel oder in der Hollywoodschaukel verbringen? – Nein danke!“

Wenn ich nicht mehr kann, will ich nicht mehr leben

Die Erkrankung schränkte nicht nur seine alltäglichen Arbeiten ein, sie bedrohte seinen Selbstwert. Fritz G. wurde von der Vorstellung gequält, „kein richtiger Mann“ mehr zu sein. Während eines Kuraufenthaltes hatte er mit seiner Frau eine Tanzveranstaltung besucht. Die Kapelle begann zu spielen, sie gingen auf die Tanzfläche, er umfasste ihre Taille, setzte zum Tanzen an und stand plötzlich wie angewurzelt, wie festgeklebt auf dem Parkett. Die Blicke waren auf ihn gerichtet, und er schämte sich – auch vor seiner Frau. Noch beschämender waren die sexuellen Probleme. Sie waren vor eineinhalb Jahren aufgetaucht und hatten sich in den letzten Monaten verstärkt. Sie waren sein Hauptanliegen, hier erwartete er Hilfe. Er wusste, dass Parkinson-Patienten häufig sexuelle Probleme erleben, und vermutete ihre Ursache in der Erkrankung. Er sagte, die Sexualität spiele in seiner Ehe eine wichtige Rolle, sie hätten sie immer sehr genossen. Im Lauf der Jahre hätte sie zu einem gewohnten Ablauf gefunden: Beim Vorspiel käme zunächst seine Frau zum Höhepunkt, dann, beim Koitus, er selbst und schließlich nochmals seine Frau. Dieses „Programm“ sei nun oft nicht mehr möglich.

Ich gab ihm die Aufgabe, sein sexuelles Verhalten in einem Tagebuch festzuhalten. Er hatte mit seiner Frau etwa zweimal wöchentlich sexuellen Kontakt. Etwa jedes dritte Mal war er zufrieden. – „Das schaffe ich noch!“, sagte er. Die übrigen Male kam es zu Problemen: „Er fällt mir mitten drin zusammen, oder ich komme zu früh.“

Seine Frau war dadurch nicht belastet. Ihr gefiel es, auch einmal „nur zu kuscheln“. Aber ihm war sehr daran gelegen, „dass es wieder wird wie früher,“ und er befürchtete, die Probleme würden sich in Zukunft noch verstärken. Die Aussicht, eines Tages die Sexualität zu verlieren, war niederschmetternd: „Wenn ich nicht mehr kann, will ich nicht mehr leben.“

Exkurs:
Sexuelle Störungen bei der Parkinson-Erkrankung

„Mal komme ich zu früh, mal fällt er mir zusammen“ – Fritz G. beschrieb damit zwei der häufigsten Störungen des männlichen Sexualverhaltens. Ist der Penis beim Koitus nicht steif genug oder bleibt er nicht lange genug steif, spricht man von „Erektionsstörungen“, von „vorzeitigem Samenerguss“, wenn der Samenerguss schon vor dem Einführen des Penis in die Scheide oder kurz danach auftritt. Die Grenze zwischen „normalem“ und „gestörtem“ Verhalten ist allerdings nicht objektiv zu setzen. Wann ist ein Samenerguss „vorzeitig“ – zwei oder fünf Minuten nach Beginn des Geschlechtsverkehrs oder immer dann, wenn er vor dem Höhepunkt der Frau auftritt? – Wann eine funktionelle Störung des Sexualverhaltens Krankheitswert erlangt, hängt in hohem Maße von der subjektiven Bewertung des Betroffenen und seiner Umwelt ab. Was der eine als normal erlebt, ist für den anderen bereits belastend.

Psychische Faktoren spielen bei der Entstehung sexueller Störungen häufig eine wesentliche Rolle, etwa wenn geringfügige Veränderungen der Sexualfunktionen Versagensängste auslösen. Es wirkt sich dabei ungünstig aus, dass die männliche Sexualität häufig an der „sexuellen Leistung" orientiert ist – Stärke und Dauer der Erektion, Häufigkeit sexueller Kontakte, Zahl der Sexualpartnerinnen etc. Wird das Glied einmal nicht steif genug, wird schnell die Angst ausgelöst, „nicht mehr richtig zu funktionieren" und als Partner zu versagen. Die Betroffenen beginnen, argwöhnisch und ängstlich ihre körperlichen Reaktionen zu beobachten – und hemmen dadurch ihre sexuelle Erregung. Die psychologische Behandlung zielt darauf ab, diesen Teufelskreis zu durchbrechen, Versagensängste abzubauen und in Verhaltensübungen mit und ohne Partnerin wieder entspannte erotische Kontakte aufzubauen (Zilbergeld, 1983; Kockott, 1995).

Sexuelle Störungen treten auch bei körperlichen Erkrankungen auf, wenn die physiologischen Grundlagen der Sexualität beeinträchtigt sind, etwa die Blutversorgung des Penis. Zur Behandlung dieser Störungen werden häufig Medikamente gegeben. Manchmal ist es auch notwendig, das sexuelle Verhalten an die körperliche Einschränkung anzupassen. Lustvolle Körperkontakte sind durchaus möglich, auch wenn die Erektion nicht voll entwickelt ist.

Über die Auswirkungen der Parkinson-Erkrankung auf die Sexualität ist noch wenig bekannt. Die Angaben zur Häufigkeit sexueller Störungen bei Parkinson-Patienten schwanken zwischen 35 % und 80 %. Männliche Patienten berichten über Erektionsstörungen, vorzeitige Ejakulation und Nachlassen des sexuellen Interesses, aber auch gesteigerte Lust und Erregbarkeit. Auch die Patientinnen erleben sexuelle Probleme, doch seltener (Ballivet et al., 1973; Brown et al., 1990; Koller et al., 1990; Wermuth et al., 1995; Lüders et al., 1999; Beier, 2000). Für die sexuellen Störungen bei der Parkinson-Erkrankung sind zahlreiche Ursachen denkbar: Behinderung durch die motorischen Symptome, hormonelle Veränderungen, Steigerung des sexuellen Verlangens durch Anti-Parkinson-Medikamente, Veränderung der körperlichen Attraktivität und der Partnerschaft. Es bedarf daher der gründlichen Verhaltensanalyse, um die Ursachen einer individuellen sexuellen Störung zu identifizieren.

Verhaltensanalyse

Welche Ursache hatten Fritz G.s sexuelle Probleme? Waren die körperlichen Voraussetzungen zur Erektion nicht mehr gegeben, etwa wegen mangelnder peripherer Durchblutung? Erschwerten der Tremor, die Steifigkeit der Muskulatur und die Rückenschmerzen die sexuellen Kontakte? Wurde die sexuelle Erregung durch Versagensängste gehemmt?

Die physiologischen Voraussetzungen zur Erektion waren vorhanden – er berichtete von Erektionen im Schlaf und bei manueller Stimulation. Zudem zeigten die Tagebuchprotokolle, dass er sehr wohl zufrieden stellende sexuelle Kontakte mit seiner Frau erlebte (wenn auch seltener als erwünscht). Ich vermutete daher, dass weniger die körperlichen Symptome als psychische Reaktionen dem Problem zu Grunde lagen.

Ausgangspunkt waren gelegentliche, durch die motorischen Symptome bedingte Störungen im sexuellen Kontakt: Die Muskelsteifigkeit führte zu Schmerzen in Schulter und Rücken, der Tremor erschwerte zärtliche Berührungen. Diese Störungen waren lästig, und Fritz G. wurde abgelenkt, sodass seine Erektion nachließ. Das Nachlassen der Erektion wiederum löste Anspannung und Ärger aus. Statt sich zu entspannen, versuchte er angestrengt, die Erektion wiederherzustellen – und wie in einem Teufelskreis kam sie umso weniger zustande, je mehr Anstrengung er mobilisierte. Mit jedem „misslungenen" sexuellen Kontakt stieg seine Angst „zu versagen". Er begann, seine körperlichen Reaktionen voller Argwohn zu beobachten. Kam es ausnahmsweise zur Erektion, führte die Anspannung zum vorzeitigen Samenerguss. Fritz G. fühlte sich schließlich hilflos und verzweifelt, und seine Verzweiflung mündete in der Vorstellung, die Sexualität mit dem Fortschreiten der Erkrankung vollständig zu verlieren (Abbildung 3).

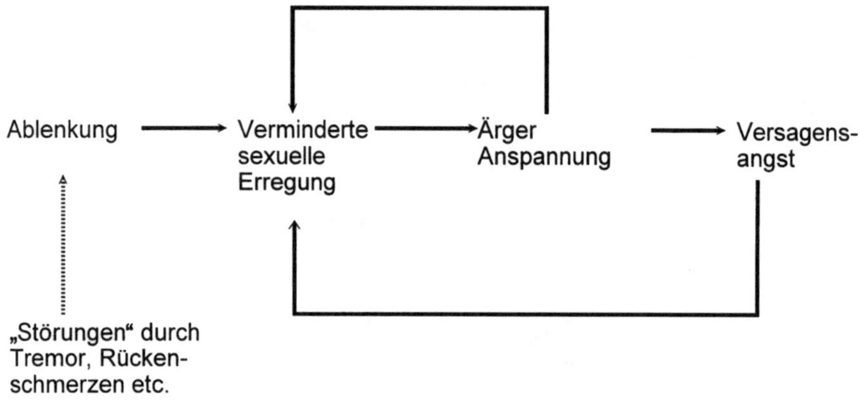

Abbildung 3: Verhaltensanalyse der sexuellen Störung

Ich wollte ihn zu Verhaltensübungen anleiten, die Anspannung und Versagensängste vermindern sollten, doch gab es neue Entwicklungen, bevor wir die Übungen begannen.

Hoffnung auf Heilung

Er entdeckte im Internet den Bericht einer Patientin, die ihre Erfahrung mit einer neuartigen Behandlungsmethode beschrieb:

„ ... Ich stehe vor dem Ende der Therapie, und es geht mir blendend. Nach 10 Jahren Parkinson fahre ich wieder Auto, bin voller Tatendrang und bester Laune. Mit der Reduzierung der Medikamente muss ich noch etwas warten, ich rechne in vier bis sechs Wochen damit ... Ich fühle mich topfit und möchte es der ganzen Welt erzählen. Vor allem wünsche ich, dass es allen so gut geht. Ihr müsst glauben, ich habe zu viel Fantasie. Heute erst hörte ich wieder einen Arzt sagen, es gibt keine Heilung. Warum bewege ich mich dann ganz locker?"

Er bat mich, eine Beschreibung der Behandlungsmethode zu lesen. Der Autor vertrat die Theorie, dass schädliche Einflüsse vor oder während der Geburt „Krankheitsherde" im Gehirn verursachen. Diese Krankheitsherde sollten entdeckt, „neutralisiert" und wieder „integriert" werden. Die Behandlungsmethode – als „neurokognitive Therapie" bezeichnet – sei ein „völlig neuer Ansatz", die Selbstheilungskräfte des Körpers „gezielt zu aktivieren". Das Vorgehen wurde folgendermaßen beschrieben: Zu Beginn einer Sitzung stelle der Therapeut einen Entspannungszustand her, dann würden körperbezogene Bilder und Vorstellungen angeregt; der Patient solle „die eigenen Organe symbolisch-projektiv wahrnehmen. „Nach zahlreichen „Transformationen" würden schließlich „ ... dauerhafte Veränderungen im Nervensystem" hervorgerufen. Hierzu waren zwanzig oder auch mehr Sitzungen notwendig. Der Aufsatz endete mit folgenden Sätzen:

„Das Therapieziel ... ist eine dauerhafte Remission (Besserung) des Leidens. Ist die Remission vollständig, kann von ‚Heilung' gesprochen werden. Ob vollständige Remissionen bei Morbus Parkinson möglich sind, wird die Erfahrung zeigen" (Wüst, 2000, S. 6).

Seit Jahrzehnten suchten Wissenschaftler nach den Ursachen der Parkinson-Erkrankung und nach neuen Behandlungsmöglichkeiten. Die Ursachen sind bisher nicht bekannt, doch bewirken zahlreiche Medikamente eine deutliche Linderung der motorischen Symptome. Nach heutigem Wissensstand ist eine Heilung der Erkrankung nicht zu erwarten. Der Autor des Artikels hingegen stellte eine Heilung in Aussicht, allerdings unter bestimmten Voraussetzungen: wenn „die konzentrativen Kräfte" und „die Wahrnehmungsfähigkeit" des Patienten ausreichen und wenn er genügend motiviert sei, „eine solche – teilweise sehr anstrengende – Arbeit zu leisten."

Fritz G. war „aus dem Häuschen", er schöpfte Hoffnung auf Heilung. Er wollte meine Meinung hören und fragte, was ich von dem Behandlungsansatz hielt. Mir erschien es abwegig, durch Vorstellungen den Gehirnstoffwechsel dauerhaft zu verändern und auf diese Weise den Krankheitsprozess aufzuhalten oder rückgängig zu machen. Ich konnte ihm daher nicht zu dieser Behandlung raten. Doch er blieb fest entschlossen, sie zu beginnen. Voller Enthusiasmus nahm er die Fahrten an den dreihundert Kilometer entfernten Behandlungsort auf sich und kam selbst für die Behandlungskosten auf.

Nach drei Monaten trafen wir uns wieder. Er hatte eine der Behandlungssitzungen mit der Videokamera aufgezeichnet: Er lag in eine Decke gehüllt auf einer Liege, und im Hintergrund war die Stimme des Behandlers zu hören, der die Vorstellung suggerierte, aus dem Körper auszutreten, auf das Rückenmark zu sehen, über das Rückenmark in das Gehirn zu wandern und die eigenen Nervenstrukturen zu betrachten...

Fritz G. berichtete, die Therapie hätte ihn „emotional aufgewühlt". Auf der Heimfahrt nach der dritten Sitzung wurde er durch ein Musikstück aus dem Autoradio tief bewegt. Zu Hause angekommen, war sein Zustand „so gut wie noch nie" seit Ausbruch der Erkrankung. Er berichtete, die Symptome waren stundenlang deutlich vermindert: „Ich hatte seit langer, langer Zeit erstmals wieder das Gefühl, ich könnte Bäume ausreißen."

Die Besserung war jedoch nicht von Dauer. Nach etwa zwanzig zweistündigen Sitzungen schlug der Behandler vor, nochmals etwa die gleiche Anzahl von Sitzungen durchzuführen. Dann erst würde sich klären, ob sich die Symptome dauerhaft vermindern ließen. Fritz G. hatte jedoch an der Wirksamkeit der Behandlung zu zweifeln begonnen. In den letzten Sitzungen hatte er unter Rücken- und Schulterschmerzen gelitten, und es war ihm immer schwerer gefallen, die Sitzungen durchzuhalten, zumal das Behandlungsschema strikt beibehalten wurde. Er schöpfte den Verdacht, dass weniger er selbst als der Behandler von einer Fortsetzung der Behandlung profitieren würde.

Nach Abbruch der Behandlung fiel er in eine Depression und verlor jeden Antrieb: „Ich hänge in der Luft. Ich bin aus dem Rettungsboot herausgefallen. Ich bin lustlos, unendlich müde und kann mich nicht konzentrieren. Mein Körper ist aufgewühlt und heiß, und ich habe gleichzeitig das Gefühl zu frieren. Manchmal ist mein Hirn leer, manchmal rasen mir die Gedanken durch den Kopf: Habe ich richtig gelebt? Wenn ich nur fröhlicher wäre! Wenn ich es doch wieder ins Lot brächte! – Aber da ist nur ein tiefes Loch."

Fritz G., der Entschlossene, Starke und Unermüdliche, saß da und schluchzte. So begeistert der Heilungsversuch begonnen hatte, so niederschmetternd hatte er geendet. Fritz G. hatte in den Versuch, die Erkrankung loszuwerden, Geld und Hoffnung investiert: Das Geld war verloren und die Hoffnung zerbrochen. Doch führte uns seine Depression das eigentliche Problem vor Augen. Die Parkinson-Erkrankung brachte Belastungen mit sich, die allen Versuchen trotzten, sie mit den gewohnten Mitteln zu bewältigen. Fritz G. hatte sich mit Elan und Kraft gegen die Erkrankung gestemmt, doch seine Probleme nur verschlimmert: Er versuchte trotz der Symptome, den „gewohnten Ablauf" beim Sex beizubehalten, und geriet durch Anspannung und Angst in noch größere Schwierigkeiten. Er arbeitete trotz der Rückenschmerzen im Garten, ohne sich Erholung zu gönnen und die Rückenschmerzen nahmen zu. Er versuchte, die Schraube trotz des Tremors „mit Gewalt" in das Holz zu drehen – und scheiterte. Er wollte sich von der Erkrankung heilen lassen, allem medizinischen Wissen zum Trotz, und war nach dem Fehlschlag der „Wunderbehandlung" verzweifelter als je zuvor. Er war bewundernswert aktiv, aber seine Bewältigungsversuche führten eher zur Verschlechterung als zur Verbesserung seines Zustandes.

Strategien zur Stressbewältigung lassen sich nach ihrer Zielrichtung unterscheiden (Cohen & Lazarus, 1979): „Instrumentelle" oder problemorientierte Strategien zielen darauf ab, ungünstige äußere Bedingungen zu verändern, und sind hilfreich, sofern sich diese Bedingungen auch verändern lassen. Emotionsorientierte Bewältigungsstrategien hingegen zielen darauf ab, den Zustand der Person selbst zu beeinflussen – etwa durch Beruhigung, Umdenken und Akzeptieren. Sie sind hilfreich, wenn äußere Einflüsse nicht oder nur schwer zu verändern sind. Jede Strategie ist wirkungslos, ja manchmal sogar erschwerend, wenn sie unter ungeeigneten Bedingungen angewendet wird.

Fritz G. verfügte über zahlreiche instrumentelle Bewältigungsstrategien, die ihm Zeit seines Lebens geholfen hatten, Probleme erfolgreich zu bewältigen. Jetzt stand er vor einer Herausforderung, die alle bisherigen Probleme übertraf: Wie konnte er sich an die Erkrankung anpassen und an Einschränkungen, die sie mit sich brachte? Konnte er nach innen gerichtete, emotionsorientierte Bewältigungsstrategien erlernen? Konnte er *mit* der Erkrankung leben statt *gegen* sie? Und welche therapeutischen Techniken konnten dabei helfen?

Behandlung

Der Ansatzpunkt waren die alltäglichen Belastungen bei der Haus- und Gartenarbeit. Es war unser Ziel, die Tagesplanung auf die Symptomschwankungen abzustimmen und Überforderung durch Entspannung vorzubeugen. Fritz G. sollte lernen, die Arbeiten seinem Zustand anzupassen. Als wir uns über seine täglichen Arbeiten unterhielten, musste ich an eine Übung denken, die ich in einem Buch des buddhistischen Mönchs Thich Nhat Hanh gelesen hatte (1997, S. 75):

„Teile Deine Arbeit in Abschnitte ein: aufräumen und Bücher einordnen, Toilette und Bad putzen, Fußboden aufwischen und abstauben. Nimm Dir für jede Aufgabe genügend Zeit. Bewege dich langsam, dreimal so langsam wie üblich... vermeide jede abrupte und hastige Bewegung."

Diese Übung gab ich ihm als Hausaufgabe, in abgemilderter Form:

„Führen Sie in der nächsten Woche eine gewohnte Tätigkeit doppelt so langsam aus!"

„Das versteh' ich nicht," sagte er. „Sie meinen, ich soll es *noch* langsamer machen?"

„Ja, doppelt so langsam."

„Und *was* soll ich so langsam machen?"

„Eine Tätigkeit, die Sie oft ausführen, eine Routinetätigkeit. *Welche* – das bleibt Ihnen überlassen. Das ist die eine Aufgabe. Die andere: Tun Sie einmal täglich nichts. Wann haben Sie das letzte Mal nichts getan?"

„Das kann ich nicht sagen. Irgend etwas tu ich immer."

„Versuchen Sie, in der kommenden Woche jeden Tag fünfzehn Minuten nichts zu tun. Setzen Sie sich auf das Sofa im Wohnzimmer, schauen Sie hinaus in den Garten, beobachten Sie, was passiert."

Eine Woche später berichtete er von den Übungen: „Der grüne Baum war schwierig," – er hatte die zweite Übung nach dem Baum im Garten benannt, auf den er während der Übung blickte – „es ist schwer, nichts zu tun."

„Sie sind daran gewöhnt, ständig etwas zu tun. Deshalb fällt es Ihnen so schwer, nichts zu tun, auch nur fünfzehn Minuten."

„Ich bin immer wieder eingeschlafen. Ich weiß nicht, ob das richtig war."

„Sie sind eingeschlafen, weil Sie müde waren. Ihr Körper hat sich Schlaf geholt. Es macht nichts, wenn Sie während der Übung einmal einschlafen. Sie können daran erkennen, wie müde Sie sind."

„Und was soll ich tun, wenn es langweilig wird? Den grünen Baum kenne ich schon!"

„Sie bleiben sitzen und tun nichts. Es ist verständlich, wenn es Ihnen langweilig wird, eben weil Sie daran gewöhnt sind, immer etwas zu tun. Sie müssen nicht immer den Baum betrachten, Sie könnten auch beobachten, was in Ihrem Körper vorgeht."

Er berichtete auch von der zweiten Aufgabe, der „Langsamübung". Sie erschien ihm noch sonderbarer als „der grüne Baum": Seine Bewegungen waren soviel langsamer als in früheren Zeiten, warum sollte er sich jetzt *noch langsamer* bewegen? Trotz seiner Zweifel hatte er die Übung beim Abräumen des Mittagstisches versucht: „Ich räume den Mittagstisch ab und bewege mich also noch langsamer als sonst. Meiner Frau habe ich nichts erzählt und sie fragt erstaunt: ‚Fritz, was ist denn los mit dir?' Ich sage: ‚Das ist meine Hausaufgabe aus der Therapie.' – Wir haben viel gelacht. Die Übung war ein voller Erfolg."

Er hatte sich stets über die Verlangsamung seiner Bewegungen geärgert, und auch seine Frau war manchmal ungeduldig. Jetzt war er *sehr* langsam – und sie lachten.

„Es freut mich, dass die Übung ein Erfolg war", sagte ich, „und ich schlage vor, Sie setzen sie fort. Sie könnten die Übung auch beim Sex probieren."

Er fuhr mit seiner Frau in den Urlaub. Nach vier Wochen trafen wir uns wieder. Der Urlaub hatte ihm gut getan. Er hatte sich Zeit zum „Nichtstun" genommen: „Ich kann jetzt die Ruhe besser in mich hineinbringen. Auch der Sex ist wieder o.k. Meine Erektionsprobleme sind verschwunden."

„Wie ist es dazu gekommen?" fragte ich.

„Ich habe die Beruhigung erst in mich hineingebracht und dann in den Sex."

Das Meer ist ruhig und glatt

Fritz G. konnte die Sexualität wieder genießen. Er sagte, die Übungen des buddhistischen Mönchs hätten „den Stein ins Rollen gebracht". Sie unterschieden sich grundlegend von seinen bisherigen Bewältigungsversuchen – und sie waren wirksamer. Wenn der Parkinson nicht zu besiegen war, warum sollte er sich gegen ihn stemmen und immer wieder scheitern? Er musste lernen, mit ihm zu leben statt vergeblich auf Heilung zu hoffen. Er suchte nicht mehr nach einer Wunderbehandlung, doch die Erlebnisse im Verlauf der „neurokognitiven Therapie" beschäftigten ihn nach wie vor:

„Wie ist es zu erklären, dass ich mich nach der Behandlung einige Male so gut fühlte?"

„Waren Sie nach diesen Sitzungen entspannt und in guter Stimmung?"

„Ja."

„In diesem Zustand haben sich wahrscheinlich Ihre Symptome vorübergehend vermindert. Dieses Phänomen wird auch von anderen Patienten beschrieben. Haben Sie das auch schon ein anderes Mal erlebt?"

Er überlegte: „Ja, letzte Woche auf der CeBit."

In freudiger Erwartung war er zu einer Computer-Messe gefahren. Er war gelöst, entspannt, gut gelaunt und voller angenehmer Eindrücke: Er hatte seine Erkrankung schlichtweg vergessen. War es möglich, einen vergleichbaren Zustand gezielt hervorzurufen?

Wir versuchten, Entspannungsübungen mit angenehmen Vorstellungsbildern zu verknüpfen. Fritz G. entspannte sich und versetzte sich in die Morgenstunden während eines Urlaubs auf Mallorca: „Der Tag ist frisch, das Meer ist ruhig und glatt, der Himmel wolkenlos. Ich sitze auf der Terrasse, bin barfuß, der Steinboden ist angenehm kühl. Die Energie der Sonne fließt in mich hinein, und die Wärme breitet sich in mir aus." Die Entspannung tat ihm gut. Sein Tremor beruhigte sich und verschwand während der Übung.

Die Therapie hatte ein Jahr gedauert. Fritz G. sagte, er hätte einen Punkt erreicht, an dem sich sein Leben neu ordne. Er konnte die Sexualität wieder genießen und litt nicht mehr unter depressiven Verstimmungen (das Antidepressivum wurde abgesetzt). Er arbeitete weniger im Garten und fand einen jungen Mann, der ihn bei der Schreinerarbeit unterstützte. Beim Arbeiten machte er häufig Pausen: „Wenn ich merke, dass es schlechter wird, höre ich auf." Er ging humorvoller mit seinen Einschränkungen um: „Auch wenn mir ein bisschen Dopamin fehlt – ich habe noch Kraft!"

Nachbemerkung

In den ersten Jahren der Parkinson-Erkrankung vermindert die medikamentöse Therapie die Symptome oft so wirksam, dass die meisten Handlungen noch ohne wesentliche Beeinträchtigung ausgeführt werden. Doch später nehmen die Einschränkungen zu, und der Erkrankte muss sich darauf einstellen. Dieser Anpassungsprozess erfordert Veränderungen im Denken und Handeln, und es ist entscheidend, wie gut er gelingt. Oft ist es notwendig, lieb gewonnene Aktivitäten weniger intensiv auszuführen oder darauf zu verzichten – ein Unterfangen, das gerade demjenigen schwer fällt, der sich gewohnheitsgemäß viel bewegt und mit den Händen arbeitet.

Eine weitere Schwierigkeit besteht darin, dass aktives, nach außen gerichtetes Handeln der Anpassung oft nicht dient, ja ihr im Wege steht. Je mehr

Fritz G. gegen seinen Tremor ankämpfte, desto mehr wurde er dadurch behindert. Je mehr Arbeiten er sich auf den Tagesplan setzte, desto weniger brachte er zustande. Er war gefordert, die Einschränkungen anzunehmen und mit ihnen zu leben. Diese Umstellung ist für denjenigen, der sein Leben lang erfolgreich Probleme durch aktives Handeln bewältigt hat, keine leichte Aufgabe. Auch das Scheitern der „Wundertherapie“ zeigte mit schmerzlicher Deutlichkeit, dass die gewohnten Bewältigungsstrategien nicht mehr funktionierten: Fritz G. erfuhr, dass ihm die Erkrankung bleiben würde, was er auch immer tat. Die Übung des Nichts-Tuns dagegen lehrte, dass es manchmal besser ist zu ruhen statt zu handeln, die „Langsam-Übung“, dass sich die subjektive Bewertung der Erkrankungssymptome verändern ließ: Er konnte auf die Bewegungsverlangsamung auch mit Humor reagieren, nicht nur mit Ärger. Beide Übungen wirkten wie „paradoxe Intentionen“, eine von Viktor E. Frankl eingeführte therapeutische Technik: Der Patient wird angewiesen, sich zu wünschen oder zu tun, wovor er sich fürchtet oder wodurch er eher eine Verschlechterung als eine Besserung seines Zustandes erwartet (Frankl, 1997, S. 37). Werden paradoxe Anweisungen im richtigen Augenblick gegeben, können sie aus gewohnten Denk- und Verhaltensmustern herausreißen und plötzliche Veränderungen bewirken.

Herr A. oder Das dunkle Zimmer

Herr A. öffnete die Türe zu meinem Büro und blieb vor der Türschwelle stehen. Er sah mich freundlich an und lächelte. Er war groß und schlank, trug einen hellen Sommeranzug mit weißem Hemd und Krawatte. Einige Wochen zuvor hatte ich einen Brief von ihm erhalten: Er sei 78 Jahre alt und seit 13 Jahren an Parkinson erkrankt. Er fühle sich durch „Antrittshemmungen“ belastet und brauche Hilfe.

Auf meine Bitte einzutreten, beugte er sich nach vorne und begann heftig zu atmen. Seine Beine zitterten vor Anstrengung, und er schien sich gegen ein unsichtbares Hindernis zu stemmen: Er steckte fest, es gelang ihm nicht, das Zimmer zu betreten. Schließlich zog ihn seine Frau, die ihn begleitete, mit einem kraftvollen Ruck ins Zimmer. Mit Mühe kam er auf einem Stuhl zum Sitzen.

Bei einigen Patienten, vor allem in den späten Stadien der Parkinson-Erkrankung treten Bewegungsblockaden auf. Die Bewegungen sind plötzlich blockiert und nach Sekunden oder Minuten wieder frei. Die Blockaden kommen und gehen nach verborgenen Gesetzen und sind medikamentös nicht zu beeinflussen. Der Patient verliert die Kontrolle über die einfachsten Bewegungsabläufe und fühlt sich wie eine Marionette.

„Es ist eigenartig, manchmal geht es, manchmal nicht. Die Blockaden tauchen wie aus heiterem Himmel auf! Stecke ich fest, liegen meine Nerven blank, und meinen Körper erfasst eine vorher nicht gekannte Unruhe.“ Er sprach stockend und vollführte ruckartige, überschießende Bewegungen mit Händen und Beinen – „Überbewegungen“, eine Folge der langjährigen Medikation. „Ich hoffe, dass Sie mir die Ängste nehmen, die mich daran hindern, in den Zug zu steigen.“

Wir kamen ins Gespräch, und seine Unruhe hatte sich bald gelegt. Ich bat ihn, aufzustehen, aus dem Zimmer zu gehen und wieder zurück zu kommen. Er stand auf, verließ das Zimmer, ging flüssigen Schritts auf dem Gang auf und ab, kehrte zurück und setzte sich. Er lächelte: „Es ist eigenartig, manchmal geht es, manchmal nicht.“

Das Leben vor der Erkrankung

Als ich Herrn A. nach seiner Lebensgeschichte fragte, führte er mich in sein Arbeitszimmer (wir trafen uns zumeist bei ihm zu Hause). Auf dem Boden verstreut lagen Papiere, Rechnungen, Formulare und Briefe, in Wandregalen standen lange Reihen von Aktenordnern. Er ging zielsicher auf ein Regal zu, zog einen abgegriffenen Klemmordner hervor und gab ihn mir wortlos in die Hand. Auf dem Deckblatt war in zittriger Schrift zu lesen: „Erinnerungen – ein Blick zurück“ und darunter: „Vieles, was vor Jahren wichtig erschien, ist verdrängt, früher Unwichtiges hat heute klare Konturen“.

Ich nahm die Aufzeichnungen mit nach Hause, um sie in Ruhe zu lesen. Sie waren mit einer alten Schreibmaschine getippt und chronologisch in Abschnitte unterteilt: „Schule“ – „Reichsarbeitsdienst“ – „Russland“ – „Gefangenschaft“ – „Rückkehr nach Deutschland“ – „Neubeginn“. Je länger ich darin las, desto mehr war ich gefesselt. Er schrieb sachlich und ohne Umschweife und hatte seine Ausführungen mit Fotos und Postkarten illustriert. Die Fotos zeigten ihn als Jungen mit seiner kleinen Schwester im Liegestuhl, als Schüler im Internat, als erwachsenen Mann, mit Freunden im Schwimmbad, mit seiner Frau auf einer Sommerwiese, mit Soldaten im Krieg. Auf einer Postkarte war das frühere Kaffeehaus Imperator in Berlin abgebildet: „Das Haus der 1000 Klubsessel – mit den besten Kapellen zum Tanz.“ In den Kriegsjahren hatte er dort, auf Heimaturlaub, mit seiner Frau getanzt.

Herr A. war in Ostdeutschland geboren. Er besuchte ein Internat und schlug die Beamtenlaufbahn ein. Kaum zwanzig Jahre alt, wurde er eingezogen. Im Krieg war er Funker, im Donaudelta. Ein Foto zeigte ihn mit zwei anderen Soldaten vor dem kleinen Haus, in dem sie stationiert waren. Es war Sommer, sie standen in der Haustüre, unter einem Strohdach, bleich, mager, die Arme in die Hüften gestemmt. Ich erkannte ihn sofort – er war lang und dünn und hatte schon damals das freundliche Lachen, das ich aus unseren Gesprächen kannte.

Bei Kriegsende geriet er in russische Gefangenschaft. Er kehrte Anfang der fünfziger Jahre zurück, heiratete und arbeitete in einer Behörde der früheren DDR. Er floh in den Westen. Frau und Tochter folgten, und die Familie bezog ein Häuschen in einem kleinen Ort nahe der Grenze zur Tschechoslowakei.

Herr A. hatte vielerlei Belastungen erlebt, doch er blickte zufrieden auf sein Leben zurück. Er betonte, es wäre ihm wichtig, selbstständig zu denken: „Ich bin immer den direkten Weg gegangen, auch wenn er beschwerlich war. Ich habe versucht, das Leben zu nehmen wie es ist, und das Beste daraus zu machen,“ sagte er, „das gilt auch für meine Krankheit.“

Der letzte Abschnitt der Erinnerungen war ein „Nachtrag“ mit der Überschrift „Parkinson“ und begann mit den nüchternen Sätzen: „Bei einem Kuraufenthalt, kurz nach meiner Pensionierung, fiel dem Oberarzt bei einer Visite auf, dass meine rechte Hand zitterte. Er äußerte den Verdacht, dass eventuell ein Parkinson-Syndrom vorläge. Die Vermutung wurde durch die nervenärztliche Untersuchung am Ort bestätigt.“

Die Erkrankung

Zunächst war die Erkrankung nicht belastend. Die Medikamente linderten die Symptome, und Herr A. hatte noch beträchtlichen Handlungsspielraum: „Wenn ich an die ersten Jahre zurückdenke, so erscheint mir die Bezeichnung ‚Krankheit‘ gar nicht angebracht. Es gab nicht die Probleme mit der fehlenden Beweglichkeit, die mir heute soviel Kummer machen.“ In den 13 Jahren seit der Diagnose war die Erkrankung deutlich fortgeschritten. Das Zittern trat jetzt auch in der linken Hand und in den Beinen auf. Die Haltung hatte sich verschlechtert, der Oberkörper war merklich nach vorne gebeugt. Die Bewegungen waren zeitweise sehr stark verlangsamt. Die Handschrift war sehr klein geworden, manchmal konnte er selbst sie kaum entziffern. Er litt unter längeren Phasen schlechter Beweglichkeit, einem häufigen Problem in den späten Stadien der Erkrankung. Während dieser „Off-Phasen“ lag er oft mehrere Stunden auf der Couch im Wohnzimmer und las oder schlief. Zur Therapie der Bewegungsblockaden und Off-Phasen hatte er zusätzliche Medikamente erhalten, musste sie aber wieder absetzen, da sie keine Besserung brachten und zu unerwünschten Nebenwirkungen wie Schweißausbrüchen führten. Gelegentlich erlebte er Halluzinationen – eine weitere Nebenwirkung der langjährigen Medikation: Im Blumenstrauß auf dem Wohnzimmertisch oder in den Sitzkissen auf der Couch sah er Gesichter. Aber das beunruhigte ihn nicht. Er beobachtete „das Phänomen“ gelassen, ja „mit Belustigung“, wie er sagte.

Wenn er nicht von Bewegungsblockaden oder Off-Phasen heimgesucht wurde, war er nicht auf Hilfe angewiesen. Er kleidete sich selbst an und aus, wenn auch langsam und mit Mühe. Er konnte beim Essen ohne Hilfe Messer und Gabel benutzen – für viele Patienten nach langjähriger Erkrankung ein Problem. Er ging spazieren, wenn es sein Zustand erlaubte, er sah fern, las, ordnete seine Papiere und machte sich Notizen – er schrieb weiter an seinen Lebenserinnerungen. Musste er weite Wege außer Haus gehen, wenn er etwa den Arzt besuchte, begleitete ihn seine Frau. Er war in guter seelischer Verfassung, doch die „Antrittshemmungen“ belasteten ihn mehr und mehr.

Das Problem

Zur Beobachtung der Bewegungsblockaden begleitete ich ihn auf seinen Wegen im Haus und der Umgebung. Er steckte fest, wenn er über Türschwellen ging oder über Teppiche, die „im Weg lagen“. Er steckte fest, wenn er im Wohnzimmer die Engstelle zwischen Sessel und Vitrine passieren musste. Er steckte fest, wenn er sich aus dem Sessel erhob, um in die Küche zu gehen. Er steckte fest, wenn er versuchte, durch das Gartentor zu gehen oder die Straße zu überqueren. Er geriet an allen Ecken und Enden seines Lebensraumes in Bewegungsblockaden.

Sobald er feststeckte, bemühte er sich mit aller Kraft, wieder ins Gehen zu kommen. Seine Beinmuskulatur war angespannt, die Oberschenkel zitterten, er machte kleine Schritte auf der Stelle. Er atmete schneller und flacher, beugte den Oberkörper noch weiter nach vorne und schwang seine Arme – wie ein Vogel, der vergeblich die Flügel schlägt. Doch so sehr er sich bemühte, er kam nur selten wieder ins Gehen. Er begann zu resignieren und rief immer häufiger seine Frau zu Hilfe: Sie stellte sich ihm gegenüber, fasste seine Hände, ging einen Schritt zurück und versuchte, ihn durch kräftiges, ruckartiges Ziehen wieder in Gang zu bringen.

Frau A. war im Alter ihres Mannes, aber noch rüstig. Ihre Tage waren mit den Arbeiten in Haus und Garten ausgefüllt. Sie putzte, kochte und kaufte ein. Sie pflegte die Blumen und baute Gemüse an. Die Arbeit im Garten bereitete ihr Freude, und sie verbrachte dort viel Zeit, oft bis spät in den Abend. Es belastete sie, ihrem Mann immer wieder helfen zu müssen. Sie musste ihre Arbeiten unterbrechen und einiges an körperlicher Kraft aufwenden, um ihn aus einer Blockade zu befreien. In letzter Zeit litt sie daher unter Schmerzen in den Knien.

Die Bewegungsblockaden belasteten Herrn und Frau A. und veränderten ihren Alltag. In einem Tagebuch notierte Herr A. Häufigkeit und Dauer der Blockaden: In zwei Monaten beobachtete er 280 Blockaden, etwa die Hälfte dauerte zwischen zwei und fünf Minuten, ein Viertel war kürzer, ein weiteres Viertel länger. Er geriet mehrmals täglich in Situationen, in denen er „den direkten Weg“ nicht gehen konnte (das „Freezing-Tagebuch“ und die Ergebnisse der Selbstbeobachtung sind im Anhang zusammengestellt). Medikamentöse Behandlungsversuche, zum Beispiel Apomorphininjektionen, waren gescheitert (Apomorphin ist ein Dopaminagonist, der vom Patienten selbst unter die Haut injiziert werden kann).

War es möglich, die Bewegungsblockaden mit psychologischen Methoden zu beeinflussen?

Exkurs: Das Freezing-Phänomen

Was Herr A. als „Antrittshemmungen" bezeichnete, gilt in der wissenschaftlichen Literatur als Freezing-Phänomen: Plötzliche Bewegungsblockaden, die Sekunden bis Minuten dauern und vor allem bei räumlicher Enge oder unter Zeitdruck auftreten. Freezing zeigt sich bei etwa einem Drittel der Patienten mit idiopathischem Parkinson-Syndrom, zumeist beim Gehen (Giladi et al., 1992). Seine Ursachen sind bisher nicht bekannt. Ebenso wenig ist eine wirksame Therapie vorhanden. Der Schwerpunkt der Behandlung liegt auf gymnastischen Übungen (Ringendahl & Sierla, 1997).
Auch Herr A. erhielt wöchentlich Besuch von einer Physiotherapeutin, die mit ihm Lockerungs-, Dehnungs- und Bewegungsübungen durchführte. Eine Übung war besonders wirksam: Die Physiotherapeutin stellte sich ihm gegenüber, ergriff seine Hände, ging auf der Stelle, wobei sie ihre Knie wie ein marschierender Soldat anhob, und forderte ihn auf, diese Bewegungen zu imitieren. Sobald auch er auf der Stelle ging, zog sie ihn rhythmisch nach vorne. Auf diese Weise kam er beinahe mühelos ins Gehen. Der Erfolg der Übung war allerdings nicht bleibend – die Antrittshemmungen kehrten zurück, sobald die Physiotherapeutin ihn nicht mehr unterstützte. Dennoch fragten wir uns, warum die Blockaden während der Übung verschwanden. Die Antwort fand sich in einem Buch des russischen Neuropsychologen Alexander R. Luria aus dem Jahre 1932.

Lurias Theorie der kortikalen Kompensation

Luria hatte sich bereits in den Zwanziger Jahren mit den Bewegungsproblemen von Parkinson-Patienten befasst. Er beobachtete, dass die Patienten flüssiger gehen konnten, wenn sie Treppen stiegen oder sich an Mustern auf dem Boden orientierten. Offenbar nutzten sie regelmäßige Strukturen in der Umgebung, um ihre Bewegungsdefizite auszugleichen. Versuche, die Bewegungsprobleme durch Willensanstrengung zu bewältigen, waren dagegen vergeblich: „So sehr der Parkinson-Patient auch dagegen ankämpft", schrieb Luria, „er bleibt zittrig und steif ... seine Versuche einer direkten Kontrolle durch den Willen bleiben ohne Wirkung" (1932, S. 407).
Auch Herr A. ging über Treppen mit flüssigem Schritt. Offenbar half ihm der regelmäßige Rhythmus des Treppensteigens, die Gehbewegungen neu zu ordnen. In ähnlicher Weise schienen ihm die rhythmischen Signale während der Krankengymnastik als Orientierung zu dienen.
Luria zog aus seinen Beobachtungen folgenden Schluss: Wenn die Patienten Reizmuster aus der Umgebung nutzen, um ihre Bewegungsabläufe neu zu ordnen, können sie auch selbst solche Reizmuster erzeugen, und zwar mithilfe unterschiedlicher Mittel: *Erstens* durch Bewegungen, die nicht blockiert waren, etwa Öffnen und Schließen der Augenlider, Hin- und Herschwingen der Arme, Klatschen der Hände, Schlagen auf den Oberschenkel. *Zweitens* durch Sprechen, zum Beispiel rhythmisches Zählen von „eins" bis „vier".

Um die Wirksamkeit solcher Hilfs- oder Kompensationsstrategien zu erfassen, benutzte Luria eine einfache Untersuchungsanordnung: Er legte den Patienten einen mit Luft gefüllten Gummiball in die Hand und gab ihnen die Aufgabe, den Ball wiederholt zusammenzudrücken. Die Bewegungen der Hand veränderten den Luftdruck im Ball, und die Druckveränderungen wurden auf einem Papierschreiber registriert: Jede Handbewegung wurde in ihrer Kraft und Geschwindigkeit aufgezeichnet. Instruierte Luria seine Patienten, die freie Hand im Takt zu bewegen oder laut und rhythmisch „von eins bis vier" zu zählen und das Drücken des Balles daran zu orientieren, waren die Bewegungen deutlich stärker und schneller, d. h. sie wurden durch die Hilfsstrategien verbessert.

Eine *dritte* Möglichkeit zur Umgehung der Bewegungsprobleme sah Luria in der gezielten Verwendung von Vorstellungen. Wenn räumliche Strukturen in der Umgebung nützlich waren, konnten es womöglich auch *vorgestellte* räumliche Strukturen sein. Um zu prüfen, ob sich die Bewegungen durch Vorstellungen verbesserten, stellte Luria Fragen, die der Patient durch Drücken des Gummiballs beantworten sollte. Er fragte: „Wie viele Räder hat ein Wagen?", worauf sich vier deutlich abgegrenzte und nuancierte Bewegungen zeigten – sie waren wiederum kräftiger und schneller als „spontan", ohne Hilfsstrategien ausgeführte Bewegungen.

Lurias Untersuchungen stellten in Aussicht, dass Parkinson-Patienten ihre Bewegungsdefizite besser bewältigen können, wenn sie Orientierungsmuster aus der Umgebung nutzen oder auch Orientierungsmuster selbst erzeugen – durch Bewegungen in nicht-blockierten Gliedmaßen, durch Sprechen, durch Vorstellungen. Die gezielte Verwendung von Orientierungsmustern zur Umgehung der Bewegungsprobleme bezeichnete Luria als „kortikale Kompensation". Er war überzeugt, dass Kompensationsstrategien eine „funktionelle Rekonstruktion der gestörten neuropsychologischen Funktion" ermöglichen (1932, S. 413).

Verhaltensanalyse und Behandlung

Würde auch Herr A. durch Hilfsstrategien in die Lage versetzt, die Bewegungsblockaden besser zu kontrollieren? Er führte mir die „Tricks" vor, die er bisher probiert hatte: Er stellte seinen Stock schräg vor den rechten Fuß, um darüber hinwegzusteigen und wie nach einer Initialzündung weiterzugehen; er gab sich laute rhythmische Kommandos – „links, rechts, links, rechts!"; er steckte ein kleines Tonbandgerät in die Hosentasche, setzte einen Kopfhörer auf und hörte Marschmusik. Doch führte keine dieser Methoden zu einer flüssigen Gehbewegung. Statt zu gehen, machte er nur einzelne Schritte – „Stückwerk", wie er sagte, „Gestopsel".

War es möglich, die Hilfsstrategien durch Training in ihrer Wirksamkeit zu steigern oder neue, wirksamere Hilfsstrategien zu erlernen? Mir schien es einen Versuch wert – und auch Herr A. war fest entschlossen, einen besseren

Umgang mit den Bewegungsblockaden zu erlernen. Zuvor war allerdings noch eine Frage zu klären: Wenn sich die Bewegungsprobleme durch Verhaltensstrategien vermindern ließen, galt dann nicht auch das Umgekehrte? Konnten psychische Prozesse die Bewegungsprobleme verstärken?

Der Neurologe Stanley Fahn (1995) berichtet, dass seine Patienten manchmal auch ohne äußeres Hindernis feststecken. Die Bewegungsblockaden treten unter Umständen schon auf, wenn sich die Patienten nur vorstellen, sie könnten auf ein Hindernis stoßen oder unter Zeitdruck geraten. Fahn schließt aus diesen Beobachtungen, dass Anspannung und Angst häufig an der Auslösung des Freezings beteiligt sind. Offenbar können psychische Prozesse den Umgang mit den Bewegungsblockaden auch erschweren.

Bevor wir daran gingen, Hilfsstrategien zu üben, mussten wir also klären, wie Herr A. auf die Bewegungsblockaden reagierte, welche psychischen Prozesse mit den Bewegungsblockaden verbunden waren. Welche Gedanken gingen ihm vor, während und nach den Bewegungsblockaden durch den Kopf? Ich schlug daher vor, er solle sein Erleben und Verhalten genauer beobachten, doch das fiel ihm schwerer als gedacht.

Selbstbeobachtung

„Was geht Ihnen durch den Kopf, wenn Sie festkleben? Wie fühlen Sie sich dabei?“, fragte ich.

„Ich verstehe nicht so recht, was Sie meinen.“

Er war nicht darin geübt, seine Gefühle und Gedanken zu beobachten, er sagte: „Dieses psychologische Denken ist mir fremd.“ Ich ging mit ihm durch Haus und Garten, wartete auf eine Bewegungsblockade, beobachtete sein Verhalten und teilte ihm meine Beobachtungen mit.

„Mir fällt auf, dass Sie schneller und flacher atmen. Sind Sie nervös und angespannt?“

Er zögerte: „Ja, vielleicht, schon möglich.“

Es fiel ihm leichter, sein Erleben *in* der Situation zu beobachten als im Gespräch aus der Erinnerung.

„Ärgern Sie sich, weil Sie nicht vorwärts kommen?“

„Ja, Sie haben recht, ich ärgere mich, schon wieder festzukleben. Das ist ein Kasperletheater.“

Nach mehreren gemeinsamen Beobachtungsübungen begann er allmählich, sein Erleben und Verhalten aufmerksam zu beobachten – mit der Genauigkeit eines gewissenhaften Beamten. Am Ende jedes Treffens stellte ich Fragen, mit denen er sich in der folgenden Woche auseinander setzte. Er hielt seine Gedanken schriftlich fest, verfasste „Aktennotizen“ und fand Spass daran, die Selbstbeobachtungsbögen, die wir gemeinsam entwarfen, zu bearbeiten. Je mehr er seine Reaktionen beobachtete und versuchte, sie zu begreifen, desto weniger kämpfte er gegen die Blockaden an. Noch verfügte er über keine wirksame Strategie zur Umgehung der Blockaden, aber sie waren ihm weniger fremd, und er fühlte sich ihnen nicht mehr so hilflos ausgeliefert. Je „mehr Gefühl“ er für die inneren und äußeren Bedingungen der Bewegungsblockaden entwickelte, desto besser würde er sie bewältigen.

Zusammengefasst ergaben unsere Beobachtungen zwei wesentliche Merkmale der Bewegungsblockaden: *Erstens* schwankten sie in ihrer Auslösbarkeit, und *zweitens* lösten sie Anspannung, negative Gefühle und negative Gedanken aus.

Die Auslösbarkeit der Bewegungsblockaden schwankte

„Es kommt nicht immer zum Freezing. Einmal hänge ich ohne jede Vorwarnung an der Türe zum Wohnzimmer fest, und zwei Stunden später gehe ich flüssig darüber hinweg. Ich bin mir sicher, das Freezing hängt von meiner körperlichen Verfassung ab.“ Die Bewegungsblockaden traten eher auf, wenn er sich körperlich geschwächt oder müde fühlte, zum Beispiel während der Hitzeperioden im Sommer. Außerdem, so vermutete ich, beeinflussten Schwankungen der Grundbeweglichkeit die Auslösbarkeit der Bewegungsblockaden. Je schlechter seine allgemeine Beweglichkeit war, etwa wenn die Wirkung der letzten Medikamentendosis nachließ, desto eher wurden Blokkaden ausgelöst. Da Herr A. von meiner Hypothese nicht überzeugt war, versuchten wir, die Frage empirisch zu klären.

In den drei folgenden Wochen beobachtete er seine Beweglichkeit im Tagesverlauf. Er notierte täglich an acht Zeitpunkten zwischen 9 und 21 Uhr, wie gut oder schlecht er sich bewegen konnte (mithilfe einer Beurteilungsskala von „sehr schlecht beweglich“ bis „sehr gut beweglich“). Zur Erinnerung an die Beobachtungszeitpunkte trug er einen elektronischen Wecker in der Hosentasche. Die Auswertung der Beobachtungsbögen zeigte eine deutliche Periodik: Seine Beweglichkeit war vormittags und in der Mittagszeit am schlechtesten. In diesem Zeitraum wurden auch die Bewegungsblockaden häufiger ausgelöst. Nachmittags fühlte er sich meistens beweglicher und wurde weniger durch Blockaden behindert (der Beobachtungsbogen und die Ergebnisse der Selbstbeobachtung sind im Anhang zusammengestellt).

Unsystematische Beobachtungen zeigten, neben Müdigkeit und Grundbeweglichkeit, einen dritten Einfluss auf die Auslösbarkeit der Blockaden: Aufregung und Stress. Bei einem meiner Besuche öffnete sich die Haustüre nur wenige Sekunden nach meinem Klingeln – er saß hinter der Türe auf einem Treppenabsatz, wo er mich erwartete. Da er alleine im Haus war, wollte er sicher sein, rechtzeitig zu öffnen. Hätte er im Wohnzimmer gewartet, wäre er wahrscheinlich vor Aufregung in eine Bewegungsblockade geraten und hätte die Haustüre zu spät erreicht. Ein anderes Mal, während eines Spaziergangs, begegneten wir zwei Nachbarn, die uns neugierige Blicke zuwarfen. Er fühlte sich beobachtet und geriet prompt in eine Blockade, (was die Neugier der Nachbarn noch steigerte). „Unter Druck geht gar nichts mehr,“ sagte er, „ich komme mir dann vor wie festgenagelt.“

Manchmal befürchtete er, festzukleben, *bevor* er auf ein Hindernis stieß. Vor dem Zebrastreifen stehend, suchte ihn die Vorstellung heim, es könnte plötzlich ein Auto auftauchen. Er „klebte vor Angst, auf halbem Wege festzuhängen", am Straßenrand und verlor den Mut, die Straße zu überqueren. Das Einsteigen in den Zug war ein „Spiel mit dem Feuer": Er stand an der geöffneten Türe, „klebte auf dem Boden" und fragte sich: „Werde ich es noch schaffen, bevor sich die Türe schließt und der Zug abfährt?"

In anderen Situationen waren die Bewegungsblockaden dagegen verschwunden – „als hätten sie sich in Luft aufgelöst." Dieses wundersame Verschwinden hatten wir schon bei unserer ersten Begegnung erlebt, und wir erlebten es nochmals, als wir zum ersten Mal durch das Haus gingen, um die Blockaden genauer zu beobachten. Ich hatte eigens eine Videokamera mitgebracht, doch Herr A. überwand die schwierigsten Hindernisse mit flüssigen Bewegungen: „Das ist der Vorführeffekt. Ich habe mich auf Ihren Besuch gefreut und bin in guter Stimmung. Dann ist alles leichter."

Auch in den Sprechstunden seines Arztes, zu dem er ein herzliches Verhältnis hatte, waren die Blockaden oft wie weggeflogen. Vor einigen Wochen, auf der Geburtstagsfeier seiner Tochter, war er entspannt, gut gelaunt und gelöst – und wiederum frei von Bewegungsproblemen.

Die Bewegungsblockaden hingen offenbar nicht nur von räumlichen Hindernissen und Zeitdruck ab, sondern auch von inneren Einflüssen. Bei Anspannung, Erschöpfung und schlechter Grundbeweglichkeit waren sie häufiger, im entspannten Zustand, bei guter Stimmung und Beweglichkeit seltener.

Die Bewegungsblockaden lösten negative Gefühle und negative Gedanken aus

Herr A. ärgerte sich, wenn er in eine Blockade geriet, denn „es ging wieder Mal nicht weiter". Die Blockaden „befremdeten ihn", erschienen ihm „grotesk", und er dachte: „Das ist närrisch, was du da machst!" Er wollte die Bewegung „um jeden Preis" wieder in Gang bringen, er stemmte sich mit aller Kraft gegen das „Hindernis im eigenen Körper". Doch je mehr er sich bemühte, je mehr Kraft er aufwand, desto mehr war er gefangen. Er scheiterte regelmäßig, und je häufiger er scheiterte, desto mehr verfiel er in Resignation. Anspannung, negative Gedanken, Angst und Ärger hinderten ihn daran, mit den Bewegungsblockaden flexibel umzugehen. „Im Grunde handelt es sich um eine Rückkoppelung der Anspannung", meinte er, „je mehr ich mich gegen die Blockade stemme, desto weniger komme ich weiter."

Arbeitsmodell

Wir fassten unsere Beobachtungen in einem Arbeitsmodell zusammen (Abbildung 4). Die Bewegungsblockaden (in ihrem Ursprung Folge des Defizits in der zentralen Bewegungssteuerung) wurden durch räumliche Hindernisse und Zeitdruck ausgelöst, und zwar umso leichter, je schlechter Herrn A.s psychischer und körperlicher Zustand war. Er reagierte mit Ärger, negativen Gedanken und vergeblichen Durchbrechungsversuchen und erschwerte damit die Bewältigung des Problems:

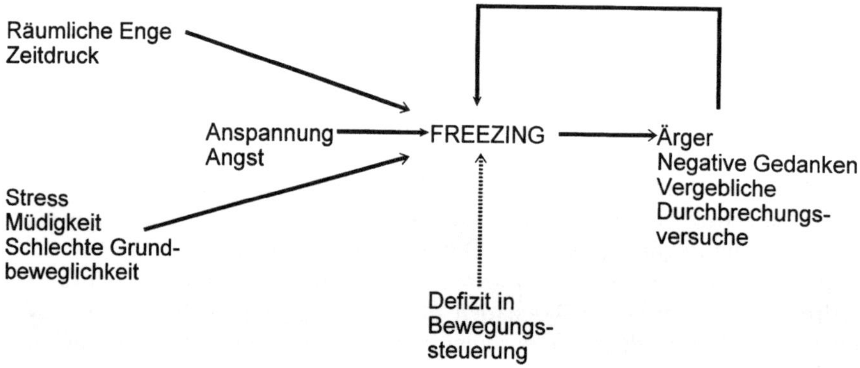

Abbildung 4: Verhaltensanalyse der Bewegungsblockaden

Welche psychologischen Maßnahmen konnten den Umgang mit den Blockaden verbessern? – Ich musste an das *Problem der festsitzenden Schraube* denken, das Robert M. Pirsig beschrieben hatte:

„... Beispielsweise kann eine Schraube in einem der Seitendeckel Ihres Motorrads festsitzen. ... Wenn Sie viel Erfahrung haben, werden Sie wahrscheinlich in dieser Lage ein Rostlösemittel ... nehmen. Aber gesetzt den Fall, Sie sind unerfahren, ... und drehen aus Leibeskräften, ein Verfahren, mit dem Sie bisher immer Erfolg hatten, das aber diesmal nur dazu führt, dass der Schlitz der Schraube deformiert wird. Sie waren in Gedanken schon viel weiter und haben überlegt, was Sie tun würden, wenn der Seitendeckel ab ist, und deshalb dauert es eine Zeit, bis Ihnen aufgeht, dass dieses lästige kleine Missgeschick eines zerstörten Schraubenkopfes nicht bloß eine lästige Kleinigkeit ist. Sie sitzen fest. Können nicht mehr weiter. Aus und vorbei. ... Es ist ganz normal, wenn in einem solchen Augenblick das Angst-Wut-Syndrom auftritt und man diesen Seitendeckel am liebsten mit Hammer und Meißel bearbeiten oder mit einem Vorschlaghammer abschlagen würde." (1976, S. 296 ff.)

Die Idee lag nahe, Anspannung, Angst und Ärger durch Entspannungstechniken zu vermindern. „Wenn es jedoch gelingt, mich zu beruhigen, habe ich das Freezing im Griff", sagte Herr A.

Entspannung

Wir zogen uns in sein Arbeitszimmer zurück und erprobten zwei der wirksamsten Entspannungsmethoden: progressive Muskelentspannung und Autogenes Training. Beim Autogenen Training kommt der Übende durch gezielte Vorstellung zur Beruhigung, bei der progressiven Muskelentspannung durch wiederholtes Anspannen und Entspannen der Muskeln. Herr A. hatte mit keiner dieser Methoden Erfahrung. Er sagte, die Übungen kämen ihm lächerlich vor. Sein Leben lang habe Entspannung keine Rolle gespielt – warum sollte sie plötzlich so wichtig sein? Ich erklärte, die Fähigkeit, sich zu entspannen, sei die Voraussetzung für einen Erfolg der Therapie – wie das Rostlösemittel bei der festsitzenden Schraube – und er war schließlich trotz seiner Skepsis bereit, mit den Übungen fortzufahren.

Ich gab ihm eine Entspannungsanleitung auf Tonbandkassette (eine auf die Parkinson-Erkrankung abgestimmte Variante des Autogenen Trainings), und er führte mithilfe dieser Kassette täglich eine Entspannungsübung von zwanzig Minuten Dauer durch. Auf einem Protokoll beurteilte er seine Beweglichkeit vor und nach den Übungen.

Nach sechs Wochen wertete ich die Protokolle aus, und das Ergebnis überzeugte uns beide. Er fühlte sich nach den Übungen nicht nur entspannter, sondern auch beweglicher (siehe Enstspannungsprotokoll und Ergebnisse der Selbstbeobachtung im Anhang). Wir konnten jetzt Entspannungstechniken zur Bewältigung des Freezings nutzen. Im nächsten Schritt erprobten wir verschiedene Hilfsstrategien.

Hilfsstrategien

Herr A. trainierte in den folgenden Monaten fünf Strategien, um die Bewältigung der Bewegungsblockaden zu verbessern:

(1) Ich steige über den schräg vor das rechte Bein gestellten Stock.
(2) Ich atme zweimal tief durch und entspanne mich.
(3) Ich steige über eine gedachte Linie auf dem Boden.
(4) Ich zähle laut und rhythmisch: „Eins, zwei, eins, zwei".
(5) Ich entspanne mich zuerst durch zwei tiefe Atemzüge *und* zähle dann laut.

Wir legten Übungsorte im Haus fest: der Weg aus dem Heizungskeller in den Garten, der Weg von der Couch zum Esstisch, der Weg aus der Diele in das Arbeitszimmer. Um einen Anfangserfolg zu ermöglichen, übte er bei guter Grundbeweglichkeit, also vorwiegend nachmittags und abends. Er konnte unter den fünf Hilfsstrategien frei wählen. Zur Erfassung der Häufigkeit und Wirksamkeit der Strategien verwendete er einen Protokollbogen.

Die Auswertung der Bögen ergab Folgendes: Die Strategie, die ihm am leichtesten fiel, benutzte er am häufigsten: Entspannung durch zwei tiefe

Atemzüge (2). Die Strategie, die ihm am schwersten fiel, benutzte er am seltensten: über eine gedachte Linie steigen (4). Die wirksamste Strategie war jedoch die Kombination der Atementspannung mit lautem rhythmischen Zählen (5). Diese Methode führte in zwei Dritteln der Versuche zur Überwindung der Blockade (Protokollbogen und Ergebnisse der Selbstbeobachtung im Anhang).

Das Training der Hilfsstrategien verbesserte den Umgang mit den Bewegungsblockaden, und wir wollten es vertiefen, um den Erfolg zu verfestigen, doch es tauchten Komplikationen auf. Herr A. litt immer stärker unter seiner Sehschwäche (er begann doppelt zu sehen) und hatte Probleme mit den Zähnen. Er sollte ein neues Gebiss bekommen, musste sich aber wochenlang mit einem Provisorium begnügen, da sein Zahnarzt erkrankt war. Schließlich verlegte er das Provisorium und musste einige Tage mit zahnlosem Unterkiefer zurechtkommen. Wir mussten das Training der Hilfsstrategien unterbrechen.

Nach einigen Wochen und einer Reihe von Zahnarztbesuchen waren die Zahnprobleme gelöst, die Sehbeeinträchtigung wurde durch eine neue Brille behoben, und Herr A. schlug vor, die Übungen fortzusetzen. Er sagte, er wolle weiter üben, aber es fiele ihm zeitweise schwer, die notwendige Disziplin aufzubringen. Er verlangte nach einem Ansporn. Ich schlug ihm vor, einen Vertrag abzuschließen und traf damit seinen Sinn für Ordnung. Wir legten in einer schriftlichen Vereinbarung fest, wie häufig er in den nächsten Wochen üben sollte, und zwar jene Hilfsstrategie, die sich bisher als die wirksamste erwiesen hatte. Zur „Belohnung“ wünschte er sich, mit mir über seine Lebenserinnerungen zu sprechen, denn ihn interessierte meine Meinung zu den Aufzeichnungen.

Vertrag
zwischen Herrn A. und Michael Macht

Ich verpflichte mich, folgende Punkte einzuhalten und gewissenhaft durchzuführen:

1. *Ich übe täglich mindestens zweimal, das Freezing zu umgehen.*
2. *Ich verwende folgende Strategie: Zuerst entspannen und gedankliche Beruhigung, dann laut Zählen.*
3. *Ich mache die Übungen bei guter Beweglichkeit (am späten Nachmittag und abends).*

Die Abmachung erstreckt sich über 4 Wochen. Wird der Vertrag von Herrn A. erfüllt, spricht Herr Macht mit Herrn A. über dessen „Lebenserinnerungen“. Die Einhaltung des Planes wird durch Selbstbeobachtung protokolliert.

Herr A. hielt den Vertrag gewissenhaft ein. Wir sprachen über die Lebenserinnerungen und blickten auf die zwei Jahre der Therapie zurück: Wir hatten die Bewegungsblockaden systematisch beobachtet – ihre Häufigkeit, die auslösenden Bedingungen, die mit ihnen verbundenen psychischen Reaktionen. Er hatte gelernt, sich gezielt zu entspannen, hatte Strategien zur Überwindung erprobt und die wirksamste Strategie weiter geübt. Er ging mit den Bewegungsblockaden besser um.

Nachbemerkung

In den Jahren nach der Therapie schritt Herrn A.s Erkrankung fort und führte zu Einschränkungen, die weder durch eigene Kraft noch durch die psychologische oder die medizinische Behandlung zu beeinflussen waren. Vormittags traten stundenlange Phasen sehr schlechter Beweglichkeit auf: Er konnte kaum gehen, lag auf dem Sofa im Wohnzimmer und musste zeitweise einen Rollstuhl benutzen. „Wenn ich so schlecht beweglich werde“, sagte er, „ist mir, als ob ich ein dunkles Zimmer betrete.“

Zwei Klinikaufenthalte brachten keine Besserung. Ein neurochirurgischer Eingriff wurde in Erwägung gezogen, aber wegen des hohen Alters und unsicherer Erfolgsaussichten verworfen. Körperlich war Herr A. kaum mehr belastbar. Bei einem unserer Treffen sagte er: „Eines Tages werde wohl auch ich die Segel streichen müssen“, und sah mich lächelnd an.

Das Fortschreiten der Parkinson-Erkrankung lässt sich mit den gegenwärtigen Behandlungsmethoden nicht aufhalten. Doch müssen Parkinson-Patienten ihren Bewegungsproblemen nicht hilflos ausgeliefert sein: Sie können, wie Herr A., Hilfsstrategien erlernen und den Umgang mit motorischen Einschränkungen verbessern. Voraussetzung ist die sorgfältige Verhaltensanalyse der Bewegungsprobleme, vor allem im Hinblick auf beteiligte psychische Prozesse, die Überzeugung des Patienten, dass er Einfluss nehmen kann, und seine Bereitschaft, ausdauernd zu üben.

Schon Luria war überzeugt, dass durch die Anwendung von Kompensationsstrategien, dem „Prinzip der kortikalen Kompensation“ entsprechend, eine „funktionelle Rekonstruktion der gestörten neuropsychologischen Funktion“ möglich ist (1932, S. 413). Nach seinen frühen Untersuchungen wandte er sich jedoch anderen Problemen zu, sodass bis heute nicht systematisch untersucht wurde, in welchem Ausmaß Parkinson-Patienten ihre Bewegungsdefizite durch kompensatorische Strategien ausgleichen können. Wir wissen, dass einige Patienten bewusst Hilfsstrategien verwenden, um Bewegungsblockaden zu überwinden. Sie orientieren sich an visuellen Strukturen in ihrer Umgebung, sie benutzen Metronome und Musik, sie zählen „von 1 bis 4,“ geben sich laute Befehle oder klatschen rhythmisch in die Hände (Stern, Lander & Lees, 1980). Zu klären bleibt, welche Strategien unter welchen Bedingungen wirksam sind und wie gut sich ihre Anwendung systematisch trainieren lässt.

Frau und Herr I. oder Ich bin nicht deine Mutter

Herr I. nahm regelmäßig an den Treffen der Parkinson-Selbsthilfegruppe teil: Er hatte eine lange, scharf geschnittene Nase und saß wie eine Statue am Rande der Versammlung. Er bewegte sich kaum, doch war bei genauerem Hinsehen zu erkennen, dass er das Geschehen sehr aufmerksam verfolgte. Er trug sich in eine Liste für Patienten ein, die an psychologischer Unterstützung interessiert waren, und ich besuchte ihn einige Tage später. Er wohnte in einem Jugendstilhaus am Rande des Stadtparks. Als ich das weite Treppenhaus betrat, stömte mir der Geruch von Bohnerwachs entgegen. Die Gittertüre des alten Aufzugs schlug mit einem lauten Schlag ins Schloss, und ich wurde langsam nach oben getragen. Im dritten Stock fand ich die Wohnungstüre und drückte auf einen großen, schwarzen Klingelknopf. Die Türe wurde geöffnet, und vor mir stand Frau I. Sie begrüßte mich freundlich und führte mich ins Wohnzimmer. Ein großes Fenster öffnete den Blick auf den Park. Auf einer Vitrine stand, in vergoldetem Rahmen, ein Foto der gesamten Familie: Frau und Herr I., die Kinder mit Gattinnen und Gatten, die Enkelkinder.

Herr I. saß auf einem der zwei Sofas. Sein Oberkörper war zur rechten Seite gebeugt. Er bewegte sich langsam und mühevoll, sprach leise und stockend. Er sei seelisch belastet und leide unter Schwierigkeiten in der Partnerschaft: „Meine Frau kann nicht verstehen, was es heißt, Parkinson zu haben."

„Ich sehe nur Probleme", entgegnete Frau I., „mir wächst alles über den Kopf."

Frau und Herr I. waren Mitte siebzig und hatten vor kurzem Goldene Hochzeit gefeiert, doch die Ehe war durch Herrn I.s Parkinson-Erkrankung in eine Krise geraten. Wir beschlossen, uns regelmäßig zu treffen. Die Gespräche verteilten sich auf einen Zeitraum von etwa neun Monaten.

Das Leben vor der Erkrankung

Herr I. beschrieb eine glückliche Kindheit und Jugendzeit auf dem elterlichen Bauernhof. Im Alter von zwanzig Jahren musste er in den Krieg ziehen.

Er war Fallschirmspringer, sechs Jahre lang, er sagte: „Eine schwere Zeit.“ Er war froh, den Krieg überlebt zu haben. Nach dem Jurastudium war er Referendar, später Richter in einer Großstadt. Er war im Beruf erfolgreich. Neben seiner Arbeit am Gericht gab er Seminare an der Universität.

Frau I. hatte bis zur Heirat in der elterlichen Familie gelebt und im Haushalt geholfen. Da sie die älteste Tochter war, musste sie häufig der Mutter zur Hand gehen. Nachdem die Mutter schwer erkrankt war, leistete sie die Pflege und versorgte die Familie. In dieser Zeit lernte sie ihren Mann kennen. Sie verliebten sich und heirateten. Bald nach der Heirat kam das erste Kind zur Welt, ein Jahr darauf das zweite und schließlich ein drittes und ein viertes. Die vier Kinder waren „eigentlich zu viel“, und es zehrte an ihren Kräften, sie großzuziehen, neben der Arbeit im Haushalt und der Familie blieb kaum Zeit für anderes. Manchmal hatte sie das Gefühl, sie sei von „einer Abhängigkeit in die nächste“ geraten. „Mir fehlt ein Stück im Leben“, sagte sie, „die Zeit zwischen Familie eins und zwei.“

Herr I. hatte seinen Wunsch nach einer großen Familie durchgesetzt. Er war prinzipientreu und streng: „Ich habe einen starken, unbeugsamen Willen“, sagte er, „einen echten Dickschädel, und der hat mir oft geholfen!“

„Und ich habe gelernt, nicht zu widersprechen,“ fügte seine Frau hinzu.

Die Erkrankung

Die Parkinson-Erkrankung war vor 11 Jahren, im 64. Lebensjahr, diagnostiziert worden, kurz nach seiner Pensionierung. In den ersten Jahren zeigte sich die Erkrankung vor allem durch den Tremor, später kamen Steifigkeit und Bewegungsverlangsamung hinzu. Herr I. ging sehr langsam und kam nur mühsam voran. Kürzlich war er beim Spaziergehen gestürzt und nicht mehr auf die Beine gekommen. Auf dem Boden liegend, musste er lange auf Hilfe warten. Nach diesem Sturz ging er alleine nicht mehr aus dem Haus.

Die Erkrankung hatte seine äußere Erscheinung verändert. Früher war er groß und kräftig gewesen, seine Frau hatte ihm gerade bis zur Schulter gereicht. Jetzt erschien *sie* größer, weil sein Oberkörper so stark gebeugt war. Herr I. neigte sich bei längerem Sitzen allmählich und, ohne es zu bemerken, zur rechten Körperseite. Die gebeugte Haltung verursachte ihm Rückenschmerzen. Wollte er aus dem Sitzen aufstehen, fiel er auf den Stuhl zurück. Erst nach mühsamen Versuchen gelang es ihm, sich zu erheben.

Die Erkrankung schränkte ihn sehr stark ein: beim An- und Auskleiden, bei der Körperpflege, beim Essen. Er war von der Hilfe seiner Frau abhängig. Die Situation war umso schwieriger, als er sich nur schwer verständlich machen konnte: Er war nur bei genauem Zuhören zu verstehen und vergaß manchmal mitten im Satz, was er hatte sagen wollen. In den ersten Jahren nach der Diagnose war es ihm noch gelungen, die Erkrankung beiseite zu schieben, doch jetzt beherrschte sie sein Leben – und das Leben seiner Frau.

Die Probleme

„Für mich ist die Erkrankung eine Katastrophe. ‚Parkinson' ist ein Stichwort wie KZ oder Straflager", sagte er, „ich komme mir vor wie ein Häftling, und ich habe schon an Suizid gedacht. Es gäbe nichts Erfreulicheres, als gesund zu sein. Es ist mein größter Wunsch, keinen Parkinson mehr zu haben – wieder normal mit Menschen zu reden, wieder zu essen, ohne zu kleckern." So illusorisch dieser Wunsch war, so unglücklich war er über die Erkrankung. Und er hatte nicht nur mit Bewegungsproblemen zu tun.

Tagsüber litt er unter starker Schlafneigung: „Ich schlafe plötzlich ein, beim Fernsehen oder während eines Gesprächs, und es ärgert mich maßlos, wenn ich deshalb meinen Gesprächspartner vor den Kopf stoße oder einen interessanten Vortrag nicht zu Ende hören kann." Wenn er in seinem Arbeitszimmer am Schreibtisch saß, überfiel ihn plötzlich der Schlaf, und später erwachte er, ohne zu wissen, wo er sich befand: „Dieses Erwachen in das Nichts ist am schlimmsten", sagte er. Nachts fand er dagegen kaum Schlaf, obwohl er spät zu Bett ging. Endlich eingeschlafen, erwachte er schon bald aus wirren, angsterfüllten Träumen. Er irrte im Haus umher und versuchte, sich zu orientieren. Seine Frau war beunruhigt: „Ich höre ihn umhergeistern und frage mich, was er vorhat. Neulich hat er spät in der Nacht plötzlich Klavier gespielt."

Seine schlimmste Heimsuchung waren die Sinnestäuschungen, die optischen Halluzinationen. Er hatte sich Zeit seines Lebens auf seinen scharfen Verstand verlassen, jetzt war er so verunsichert, dass er befürchtete, geisteskrank zu sein, denn er sah Personen, die gar nicht da sein konnten. Während eines Gespäches fragte er mich: „Haben Sie die beiden Frauen bemerkt, die mit Ihnen hereingekommen sind? Eine sitzt neben Ihnen, die andere liegt auf dem Sofa, mit dem Kopf auf Ihrem Schoß! Ich dachte eigentlich, wir sind zu zweit! Sagen Sie mir bitte, wie viele Personen wir sind!" Er schämte sich und vermied es, mit seiner Frau über die Halluzinationen zu sprechen: „Ich befürchte, sie denkt, ich sei verrückt."

Es quälte ihn ohnehin, so sehr auf ihre Hilfe angewiesen zu sein. Er bemerkte, dass sie überfordert war und selbst Unterstützung brauchte. Andererseits vermisste er die zärtliche Zuwendung früherer Zeiten: „Ich wünsche mir ein nettes Wort, eine freundliche Geste", doch sie erwiderte: „Ich habe ganz andere Probleme."

Mit der Zunahme der Parkinson-Symptome hatte sich die Ehe verschlechtert, und dies war umso belastender, als beide kaum Kontakt zu anderen hatten. Ihr fehlte die Zeit, er war zu eingeschränkt. Auch war es ihm unangenehm, immer wieder seine Erkrankung erklären zu müssen: „Die Leute verstehen einfach nicht, was es bedeutet, Parkinson zu haben“, sagte er. Sein Bedürfnis nach Kontakt und Zuwendung richtete sich alleine auf seine Frau.

Frau I. war noch rüstig. Sie sorgte rund um die Uhr für ihren Mann. Morgens legte sie ihm die Kleidung bereit, half ihm bei der Morgentoilette, badete ihn und prüfte, ob er sich regelmäßig rasierte und die Wäsche wechselte. Sie kaufte ein, kochte und putzte. Beim Frühstück und Abendessen strich sie ihm die Brote. Sie achtete darauf, dass er die Medikamente nahm – sechsmal täglich zwischen acht Uhr morgens und elf Uhr nachts. Sie kam kaum aus dem Haus. Die wenigen freien Stunden am Nachmittag waren gerade genug für den Einkauf und andere Erledigungen. Neben Haushalt und Pflege musste sie Aufgaben übernehmen, die früher ihr Mann erfüllt hatte: Briefwechsel mit Behörden, Erledigungen auf der Bank, Steuersachen. Sie spürte, dass ihre Leistungsfähigkeit erschöpft war. Sie fühlte sich müde und kraftlos.

Sie erlebte ihren Mann nicht mehr als den „starken Partner“ der früheren Jahre. Sie sagte, früher hätte er ihr Halt gegeben und „die Zügel fest in der Hand gehabt“, jetzt wäre er oft hilflos und mache „unsinniges Zeug“. Er geistere nachts im Haus umher, ließ das Licht brennen und den Fernseher laufen. Als er eines Morgens wie gefesselt im Bett lag und sich kaum bewegte, war sie schockiert. Erst nach Einnahme eines Medikamentes und gutem Zureden konnte er wieder aufstehen. Frau I. betrachtete das Fortschreiten der Erkrankung mit Sorge und spürte, dass die Pflege bald vollends ihre Kräfte übersteigen würde. Sie befürchtete, selbst zum Pflegefall zu werden – dann würde „alles zusammenbrechen“, sagte sie. „Ich sehe nur Probleme, mir wächst alles über den Kopf. Die vielen Pflichten, die ich erfüllen muss, entziehen mir die letzte Kraft. Ich habe das Gefühl, mein Mann saugt mir das Mark aus den Knochen. Ich muss ihn bedienen wie ein kleines Kind. Ich habe ihm schon gesagt: ‚Ich bin nicht deine Mutter, sondern deine Frau!‘“

Die Hilfe bei der Körperpflege war manchmal unangenehm. Die körperliche Anziehung, die sie früher empfunden hatte, war verschwunden, und sie konnte seinen Wunsch nach Zärtlichkeit nicht mehr erfüllen. Auf die vergangenen Jahre anspielend, sagte sie: „Was genug ist, ist genug!“ Die Langsamkeit und Vergesslichkeit ihres Mannes brachten sie manchmal sogar in Rage: „Dann platzt mir der Kragen!“ Doch nach einem Wutausbruch bekam sie ein schlechtes Gewissen – sie empfand Mitleid und wollte, wie in den Jahren zuvor, „eine gute Ehefrau“ sein.

Frau I. dachte jetzt oft an die ersten Ehejahre zurück: „Es war eigenartig, nach dem zweiten Kind, hatte ich plötzlich das Gefühl, ich habe den falschen Mann geheiratet.“ Ihre Unterschiede hatten oft zu Konflikten geführt: „Ich komme aus dem Süden, er kommt aus dem Norden. Ich war die Älteste, er war der Jüngste. Er war der Kronprinz und hatte die Allüren eines verwöhnten Kindes, ich musste schon früh meine Mutter vertreten und erwachsen sein. In unserer Ehe hat immer er bestimmt. Er war streng und hatte die bessere Schulbildung. Widerspruch war zwecklos, ich war ihm einfach nicht gewachsen.“

Frau I. wünschte sich „einen richtigen Ruhestand“. Sie sehnte sich nach Spaziergängen im Park, nach einem Stadtbummel, einem Cafébesuch, nach einer Vorstellung im Theater. Sie hätte gerne eine Reise nach Dresden unternommen, wo ihre Tochter lebte. Manchmal fragte sie sich: „Hätte ich mein Leben anders leben sollen?“ und wurde gleichzeitig von Gewissensbissen geplagt, überhaupt solche Fragen zu stellen.

Exkurs: Belastungen der Angehörigen

Die Parkinson-Erkrankung belastet nicht nur die Patienten, sondern auch die Angehörigen. Das Zusammenleben verändert sich oft grundlegend: Viele gemeinsame Unternehmungen sind nicht mehr möglich, und es erfordert Geduld, sich auf die Bewegungsverlangsamung des erkrankten Partners einzustellen. Manchmal bereitet es Schwierigkeiten, ihn zu verstehen, weil er so leise spricht, oder seinen Gefühlszustand zu erkennen, weil seine Mimik und Gestik vermindert sind. Noch schwerer lastet der Eindruck, seine Persönlichkeit habe sich verändert. Er scheint weniger spontan und unternehmungslustig, Gespräche strengen ihn nur an. Viele Partner sagen: „Eigentlich habe ich einen Menschen mit einer anderen Persönlichkeit geheiratet."

Mit dem Fortschreiten der Erkrankung müssen Angehörige eigene Interessen zurückstellen, um Aufgaben zu übernehmen, die früher der erkrankte Partner erfüllt hatte. Die Angehörigen bedrückt die Frage, was geschieht, wenn auch ihre Gesundheit oder das Leistungsvermögen abnimmt. Die Pflege ist körperlich und seelisch belastend, die Pflegenden fühlen sich oft überfordert und alleine gelassen. Sie müssen eigene soziale Kontakte einschränken und finden kaum Erholung.

„Halluzinationen"

Herrn I.s körperliche Einschränkung war beträchtlich, seine stärkste Belastung waren jedoch die Halluzinationen: Sie lösten die Befürchtung aus, geisteskrank zu sein. Halluzinationen – Wahrnehmungen ohne äußere Reize – gehören nicht zu den Hauptsymptomen der Parkinson-Erkrankung, können aber als Folge der langjährigen medikamentösen Behandlung auftreten. Meistens sind es Täuschungen des Sehens, weniger des Gehörs oder anderer Sinne. Der Blumenstrauß auf dem Tisch, der Busch im Garten verwandelt sich in ein Gesicht, oder unbekannte Personen tauchen unvermutet in der Umgebung auf.

Die Sinnestäuschungen sind weniger belastend, wenn die Patienten sie als solche erkennen und sich nicht irreführen lassen. Man spricht dann zutreffender von „Pseudohalluzinationen". Gelingt es dem Patienten, eine distanzierte Haltung zu seinen Sinnestäuschungen einzunehmen, sind diese weniger bedrohlich: „Wenn sich in der Eisenbahn jemand neben mich setzt", so ein Patient, „schaue ich gar nicht mehr hin, da ich weiß, dass niemand da ist" (Ludin, 1995, S. 113).

Die Situation ist schwieriger, wenn sich die Patienten ihre Sinnestäuschungen nicht erklären können. Sie werden von Ängsten heimgesucht oder glauben, wie Herr I., „jetzt auch noch den Verstand zu verlieren." Oft verschweigen sie die Sinnestäuschungen, weil sie abwertende Reaktionen befürchten. Die Angehörigen spüren dennoch Veränderungen im Verhalten und rätseln, warum sich der Erkrankte seltsam verhält. Herr I. ließ nachts das Licht im Wohnzimmer eingeschaltet, weil er „seine Begleiter" nicht im Dunklen sitzen lassen wollte. Seine Frau führte das Verhalten auf seine Nachlässigkeit zurück und ärgerte sich. Das eingeschaltete Licht, das sie morgens entdeckte, war eine Kleinigkeit, aber es zeigte, dass „irgendetwas nicht stimmte."

Problemanalyse

Es waren drei Probleme zu unterscheiden: Herrn I.s Reaktionen auf die Erkrankung, Frau I.s Belastung und die Probleme in der Partnerschaft.

Herrn I.s Reaktionen auf die Erkrankung

Herr I. war von Anfang an voller Widerwillen gegen die Erkrankung gewesen und hatte dagegen angekämpft, und auch heute noch war es sein „größter Wunsch, wieder gesund zu sein". Der Kampf war verloren, die Erkrankung beherrschte sein Leben, und er war unzufrieden und depressiv. Die seit kurzem auftretenden Halluzinationen versetzten ihn zusätzlich in Angst und verstärkten sein Leiden.

War seine Belastung zu vermindern?

Frau I.s Belastung

Auch wenn Frau I. noch rüstig war, überstieg es ihre Kräfte, für den Mann und den Haushalt zu sorgen. Sie war niedergeschlagen und erschöpft, und ihre Belastung war umso größer, als sie sich danach sehnte, mehr Zeit für sich zu finden. Jahrzehntelang hatte sie die Familie versorgt und musste auch jetzt, „im Ruhestand", ihre Wünsche zurückstellen. Ihre Belastung war so groß, dass sie die Gefahr spürte, den Sinn ihres Lebens aus den Augen zu verlieren. Gleichzeitig wollte sie „eine gute Ehefrau" sein und fühlte sich verpflichtet, die Pflege selbst zu leisten.

Konnte sie Entlastung finden?

Probleme in der Partnerschaft

Die Erkrankung hatte das Kräfteverhältnis in der Partnerschaft grundlegend verändert. Vormals stark und bestimmend, war Herr I. jetzt von seiner Frau abhängig, und er litt darunter. Außerdem wünschte er sich mehr emotionale Zuwendung. Frau I. hatte jedoch weder Zeit noch Geduld und konnte seinen Wunsch nach Zärtlichkeit nicht erfüllen. Sie äußerten unterschiedliche Bedürfnisse: Er wünschte sich mehr Nähe, sie brauchte Abstand.

Waren die Bedürfnisse beider aufeinander abzustimmen?

Behandlung

Wir führten zunächst Einzelgespräche – eine Therapeutin sprach mit Frau I., ich sprach mit Herrn I. Die Einzelgespräche zielten darauf ab, Herrn I.s Belastung durch die Erkrankung und Frau I.s Belastung durch die Pflege zu vermindern. Um das Verständnis in der Partnerschaft zu fördern, führten wir schließlich Gespräche in einer großen Runde (beide Partner und Therapeuten).

Ich sprach mit Herrn I. in seinem Wohnzimmer. Wir saßen auf dem Sofa und unterhielten uns oft lange. Da er nur langsam und stockend sprach, nahm ich mir Zeit – ein Gespräch dauerte manchmal zwei Stunden. Wir sprachen über die Zeit vor der Erkrankung, die Kriegszeit, die Nachkriegszeit. Er schilderte seine Kindheit und Jugend in Schlesien: „Ich habe Schlesien unheimlich gern gehabt, aber nach dem Krieg war Schlesien weg – weg für immer." Er beschrieb die erste Begegnung mit seiner Frau. Wir sprachen über die Partnerschaft, und er räumte ein, dass seine schlechte Laune oft zu Problemen führte. Er erkannte, dass seine Frau überlastet war, und wir sprachen über Möglichkeiten, sie zu entlasten. Nach einiger Zeit kamen wir auf die Halluzinationen zu sprechen. Die Information, dass sie nicht Zeichen einer „Geisteskrankheit" waren, sondern Folge der langjährigen Medikation, beruhigte ihn. Mit diesem Wissen konnte er mehr Distanz zu den Sinnestäuschungen herstellen und sie besser bewältigen. Überhaupt boten sich ihm durch die Gespräche neue Sichtweisen an, und es tat ihm gut, sich auszusprechen. Er sagte: „Die Zeit während der Gespräche verstreicht oft viel zu schnell."

Frau I. traf sich mit ihrer Therapeutin in der Praxis – sie war froh, einmal aus dem Haus zu kommen. Auch sie sprachen über die Vergangenheit – die Zeit, in der sie ihren Mann kennen gelernt hatte, die Zeit des Verliebtseins, die ersten Ehejahre. Sie erzählte von den Problemen in der Partnerschaft, die schon vor der Erkrankung vorhanden waren. Frau I. erleichterte es, ihre gelegentlichen Zweifel an der Ehe auszusprechen. Sie erkannte, dass diese nicht ungewöhnlich waren und dass sie deshalb noch keine „schlechte Ehefrau" war, auch wenn es ihre Kräfte überstieg, die Pflege ihres Mannes zu leisten. Könnte sie sich ihrem Mann wieder näher fühlen, wenn Hilfskräfte einen Teil der Pflege übernehmen würden?

Nach einer Reihe von Einzelgesprächen trafen wir uns in der großen Runde. Wir verglichen Frau und Herrn I.s Wünsche: Neben Unterschieden zeigten sich auch Übereinstimmungen. Wir erarbeiteten die Übereinkunft, eine Hilfe zu engagieren. Ein Zivildienstleistender kam mehrmals in der Woche und unterstützte Herrn I. in der Körperpflege. Die Besuche taten Herrn I. gut, denn er fand in seinem Helfer auch einen Gesprächspartner. Nach dem Bad tranken sie Tee und unterhielten sich „über verschiedene Themen". Die Besuche des Zivildienstleistenden entlasteten auch Frau I.: Sie hatte mehr Erholung und konnte häufger eigenen Interessen nachgehen. An zwei Nachmittagen in der Woche ging sie außer Haus und traf Freunde und Bekannte.

In der großen Runde sprachen wir auch über die Probleme in der Partnerschaft, über seinen Wunsch nach Zärtlichkeit und ihre Schwierigkeit, zärtlich zu sein. Wir sprachen über die Zukunft: Wie lange würde es noch möglich sein, gemeinsam im Haus zu wohnen? Würde es bald notwendig sein, in ein Pflegeheim zu ziehen? Doch bevor wir diese Fragen eingehender erörtern konnten, veränderte sich die Lage.

Ich erhielt ich einen Anruf von Frau I.: Ihr Mann sei schwer gestürzt, regungslos liegen geblieben und in eine Klinik gebracht worden. Er wurde künstlich ernährt. Sie besuchte ihn täglich und pflegte ihn, nach seiner Entlassung, zu Hause. Er blieb bettlägrig und musste wegen einer Lungenentzündung erneut in der Klinik behandelt werden. Sie saß, wenn sie ihn besuchte an seinem Bett, hielt ihm die Hand und streichelte ihn – jetzt konnte sie wieder zärtlich sein. Auch wenn er kaum mehr sprechen konnte, nahm er an allem teil, was in seiner Umgebung passierte. Eines Abends zog er sie zu sich herab und sagte sehr leise, dass er sie liebte. Er starb am frühen Morgen des folgenden Tages.

Nachbemerkung

Nach etwa einem Jahr traf ich Frau I. zu einem Nachgespräch. Sie wirkte zufrieden und ausgeglichen. Sie erzählte, die letzten Wochen mit ihrem Mann seien tröstlich gewesen: „Unsere Ehe hatte ein versöhnliches Ende." Sie verbrachte viel Zeit im Arbeitszimmer ihres Mannes, wo sie aufräumte und seine Korrespondenz ordnete.

Die Therapie mit Frau und Herrn I. verdeutlicht, wie sehr Angehörige von der Parkinson-Erkrankung des Partners betroffen sein können. Die Erkrankung erschwert nicht nur die Verständigung, im fortgeschrittenen Stadium verschärft sich die Situation, wenn Pflege zu leisten ist. Spätestens jetzt brauchen nicht nur die Patienten, sondern auch Partner und Angehörige Unterstützung, zumal die Erkrankung unter Umständen noch weiter fortschreitet und sich die Situation plötzlich verschlechtern kann.

Rückblick

Was bedeutet es, an Parkinson erkrankt zu sein? – Die Erkrankung hat viele Gesichter. Die Patienten unterscheiden sich zum Teil beträchtlich in der Stärke und Art ihrer motorischen Symptome, im Alter, den Lebensumständen und in den psychischen Belastungen, doch haben sie trotz dieser Unterschiede eine Gemeinsamkeit: Die Erkrankung bedeutet für alle einen Einschnitt.

Die ersten Anzeichen sind veränderte Bewegungen oder unbestimmte Beschwerden wie Müdigkeit, Erschöpfung, Schmerzen, Stimmungsschwankungen. Der Betroffene ist beunruhigt und sucht den Arzt auf, er wird untersucht und erhält, oft nach einer Zeit der Ungewissheit, die Diagnose. Er wird medikamentös behandelt, und die Symptome gehen zurück. Doch lassen sich nicht alle Auswirkungen der Erkrankung alleine durch die somatische Behandlung beeinflussen. Es zeigen sich Depressionen, Ängste und Probleme in der Partnerschaft. Die Zukunft ist bedroht, Pläne werden hinfällig, das Leben ist fundamental verändert – körperlich, psychisch, sozial. Der Erkrankte muss sich in einer neuen Lebenssituation zurechtfinden, Lebensgewohnheiten ändern und seinen Alltag an die körperliche Einschränkung anpassen.

Bei einigen Patienten setzt die Erkrankung ungeahnte Kräfte frei. Wachgerüttelt durch die Bedrohung packen sie vieles nun gleich an, statt es aufzuschieben, erlernen Strategien, um ihre Beschwerden zu lindern, suchen angenehme Erfahrungen und pflegen ihre soziale Beziehungen. Sie erleben eine höhere Lebensqualität, gerade weil sie krank sind. Doch gelingt diese Anpassung nicht allen, andere hadern mit dem Schicksal und kämpfen vergeblich gegen die Erkrankung an.

Wie lässt sich die Erkrankung bewältigen? Was kann der Betroffene, was können seine Angehörigen tun?

Krankheitsbewältigung

Ob die Krankheit bewältigt wird oder nicht, hängt von zahlreichen Faktoren ab (Turk, 1979): vom körperlichen Zustand, von der Lebenssituation, von den Eigenschaften der Person. Naturgemäß sind die Belastungen umso größer und die Einflussmöglichkeiten umso begrenzter, je stärker die körperlichen Symptome ausgeprägt sind. Sie bestimmen jedoch nicht alleine das Ausmaß der Belastung: Personen mit leichter körperlicher Einschränkung können psychisch stark belastet sein und umgekehrt, körperlich stark belastete Patienten führen manchmal trotz der Behinderung ein zufriedenes Leben. Neben der körperlichen Belastung spielen andere Einflüsse eine Rolle: die sozialen Kontakte, die Atmosphäre in der Familie, die finanzielle Situation, die Wohnumgebung, die Fähigkeit des Individuums, Belastungen zu bewältigen.

Die Wege der Bewältigung sind so vielfältig wie die individuellen Belastungen. In der Forschung zur Krankheitsbewältigung werden eine Reihe Bewältigungsstrategien unterschieden, etwa innere Distanzierung, positive Neubewertung, Vermeidung, Suche nach sozialer Unterstützung. Alle Bewältigungsstrategien lassen sich zwei Grundformen zuordnen: problemorientierte und emotionsorientierte Bewältigung (Taylor & Aspinwall, 1993; Lazarus, 1999).

Problemorientierte Bewältigung zielt auf die Belastungsbedingungen, auf die äußeren Ursachen der Belastung ab. Wer zum Beispiel das Fortschreiten der Erkrankung befürchtet, kann medizinische Informationen zum Erkrankungsverlauf suchen und prüfen, ob seine Befürchtungen zutreffen. Wer mit der Behandlung unzufrieden ist, kann neue Behandlungsmethoden ausprobieren. Wer Probleme in der Partnerschaft erlebt, kann klärende Gespräche führen.

Emotionsorientierte Bewältigung dagegen ist weniger auf die äußeren Belastungsbedingungen als auf ihre Folgen, die Veränderungen im Individuum gerichtet. Wer an der Tatsache, erkrankt zu sein, verzweifelt, kann versuchen, die Erkrankung zu akzeptieren und sich auf verbleibende Möglichkeiten konzentrieren. Wer häufig angespannt ist, kann Möglichkeiten zur Entspannung suchen. Wer durch negative Gedanken belastet wird, kann nach neuen Sichtweisen erproben. Emotionsorientierte Bewältigung vermindert die psychische Belastung, ohne die äußeren Bedingungen zu verändern, sie setzt an den Reaktionen und Verarbeitungsprozessen des Individuums an.

Welche Bewältigungsstrategien am wirksamsten sind, lässt sich ohne Berücksichtigung der näheren Umstände nicht sagen. Das Schlüsselprinzip der Stress- und Krankheitsbewältigung lautet: Es gibt keine universell wirksame Bewältigungsstrategie. Die Eignung einer Strategie hängt von der Art der Belastung und den speziellen Merkmalen der Person und der Situation ab. Da die Konstellationen sehr vielfältig sind, lässt sich kaum vorhersagen, ob eine Bewältigungsstrategie bei gegebenen Bedingungen des Individuums und der Lebenssituation wirksam ist oder nicht. Hier gibt es nur einen Weg: die Komponenten der Belastung zu analysieren und auf der Basis dieser Analyse geeignete Strategien zu erproben. Die Psychologin Marjan Jahanshahi und der Neurologe David Marsden (2000) empfehlen eine Reihe von Selbsthilfestrategien, die das Leben mit der Parkinson-Erkrankung erleichtern. Sie sind nicht für jeden Patienten geeignet, aber sie beruhen auf langjährigen Erfahrungen und haben schon vielen geholfen.

Erstens hilft es, über die Erkankung Bescheid zu wissen. In den ersten Jahren, aber auch später, tauchen zahlreiche Fragen auf: Was sind die Ursachen, welches die Symptome, wie ist der Krankheitsverlauf, welches die beste Behandlung? Mit welchen Nebenwirkungen der medikamentösen Behandlung ist zu rechnen? – Wer Antworten auf diese Fragen findet, weiß mehr über seine neuen Lebensbedingungen. „Wenn man über die Erkrankung Bescheid weiß und Klarheit hat", sagte eine Patientin, „kann man sich darauf einstellen und tappt nicht im Dunkeln." Es ist zumeist hilfreich, möglichst viele Informationsquellen zu nutzen – den Arzt, schriftliche Materialien, andere Medien und vor allem den Erfahrungsaustausch mit anderen Patienten (Macht et al., 2002).

Zweitens hilft es, den Alltag an die Erkrankung anzupassen: die Wohnung frei von Hindernissen halten, um Bewegungsblockaden vorzubeugen; die Struktur der Arbeit verändern, Anforderungen senken, durch Erholungsphasen Überforderung vorbeugen; schwierige Tätigkeiten bei guter Beweglichkeit ausführen, bei schlechter Beweglichkeit ruhen; wenn notwendig, mechanische Hilfsmittel für das Ankleiden, das Essen und die Körperpflege verwenden. Im Umgang mit den Bewegungsproblemen lassen sich Verhaltensstrategien anwenden: mentale Vorbereitung und Konzentration auf Bewegungen, Aufteilen komplexer Bewegungsabläufe in einfache Elemente, bei Sturzgefahr Vermeiden kombinierter Bewegungen und plötzlicher Richtungswechsel, Vergrößern der Schrittlänge und Gehen in weiten Kreisen. Der Alltag lässt sich durch eine Fülle von Hilfsstrategien an die Erkrankung anpassen.

Drittens hilft es, soziale Kontakte zu suchen: Der Erkrankte sollte mit anderen Patienten und nahe stehenden Personen über die Erkrankung und ihre Auswirkungen sprechen, wenn notwendig, auch in der Öffentlichkeit, mit unbekannten Personen. Das Sprechen über die Erkrankung fördert zum einen die Bewältigung krankheitsbedingter sozialer Belastungen, zum anderen die soziale Unterstützung.

Viertens hilft es, Bedingungen, die nur begrenzt verändert werden können, zu tolerieren, das Unabänderliche zu akzeptieren. Viele Patienten berichten, dass sie zufriedener leben, wenn ihnen dieser Schritt gelingt: „Da ich jetzt weiß, dass sich meine Symptome durch die Medikamente nicht mehr wesentlich vermindern lassen, kann ich daran arbeiten, dies zu akzeptieren. Denn das werde ich akzeptieren müssen, es hat keinen Sinn dagegen zu rebellieren, das raubt dir bloß die Kräfte“, sagte eine Patientin, und ein anderer stellt fest: „Ich habe das angenommen, es geht ja nicht mehr weg. Ich mache mich nicht verrückt deswegen. Ich muss damit leben und aus“.

Eine *fünfte* Strategie, vielleicht die wichtigste, ist noch zu nennen: *Es ist förderlich, sich nicht nur mit der Erkrankung, sondern auch mit anderen Themen zu beschäftigen und jenen Aktivitäten nachzugehen, die möglich sind.* Eine Patientin schilderte die folgende Begebenheit:

„An einem Nachmittag war mein zweitjüngster Enkel da, mit seiner Freundin, und der fragte: Oma, wie geht es dir? Und da habe ich gesagt: Bitte frag' mich nicht, wie es mir geht. Ich will nichts von Krankheit, Schwierigkeiten und ach ach ach hören. Erzählt mir was von euch. Und dann haben die von ihren Aktivitäten erzählt und von der Schule und was sie so treiben. Und als die weg waren, hab' ich mich gut gefühlt, und mir fiel auf, ich konnte besser laufen. Ich habe das mit dem Besuch in Zusammenhang gebracht...“

Zusammenfassend ist zu sagen: Die Bewältigungsstrategien sind vielfältig, aber keine Strategie ist immer erfolgreich. Die Herausforderung liegt darin, dass der Einzelne *seine* Lösung finden muss – und die lässt sich finden, wenn er sich auf Suche begibt. Bezweifelt er dagegen, seinen Zustand überhaupt beeinflussen zu können, oder resigniert er, wenn er nicht auf Anhieb die Lösung findet, ist eine Besserung kaum zu erreichen.

Werden die Belastungen nicht aus eigenen Kräften bewältigt, sind psychologische Interventionen angebracht. Sie unterscheiden sich nach ihrer Form und Dauer – je nach Ausgangssituation können kurze, informierende Gespräche helfen, mehrwöchige Trainingsprogramme für Gruppen und individuelle Psychotherapien. In individuellen Therapien lassen sich die speziellen Bedingungen des Erkrankten am besten berücksichtigen. Die Fallberichte im Hauptteil des Buches zeigen, dass sich psychische Belastungen von Parkinson-Patienten durch verhaltenstherapeutische Methoden vermindern lassen. Für die Anwendung dieser Methoden ist es ein wesentlicher Gesichtspunkt, dass sich die Parkinson-Erkrankung individuell unterschiedlich auf das Erleben und das Verhalten auswirkt: Abhängig von Krankheits- und Patientenmerkmalen treten depressive Verstimmungen, Progredienz- und Zukunftsängste, soziale Ängste, sexuelle Störungen, Schlafstörungen, Partnerschaftsprobleme und Belastungen der Angehörigen auf. Welche Interventionsmethoden sind hier jeweils geeignet? In welchen Schritten vollzieht sich eine Therapie?

Schritte der Veränderung

Das verhaltenstherapeutische Vorgehen setzt sich im Wesentlichen aus drei Schritten zusammen: Problembeschreibung, Verhaltensanalyse, Intervention. Das zentrale Element der Therapie ist die Verhaltenanalyse. Das in der Verhaltensanalyse entwickelte Arbeitsmodell „erklärt" die individuelle Problematik und bildet damit die Grundlage gezielter Interventionen. Seine Voraussetzung ist eine gründliche Problembeschreibung.

Problembeschreibung

Wenigstens drei Fragen sind hier zu beantworten: Welche Krankheitssymptome liegen vor und wie schränken sie das Verhalten ein? Worin bestehen die psychischen Belastungen? Wie verändert die Erkrankung die sozialen Beziehungen?

1. *Welche Krankheitssymptome liegen vor, und wie schränken sie das Verhalten ein?* Die wichtigsten Parkinson-Symptome sind in der „Unified Parkinson's Disease Rating Scale" zusammengestellt (Fahn et al., 1986). Mithilfe der Skala lässt sich schnell ein Überblick über die Symptomatik gewinnen. Dabei genügt es jedoch nicht, das Vorliegen und die Stärke der Symptome zu dokumentieren, entscheidend ist es, festzustellen, wie die Symptome den Alltag des Patienten verändern. Welche Tätigkeiten sind eingeschränkt? – An- und Auskleiden, Körperpflege, Essen und Trinken, Gehen, Schlafen, die Ausübung des Berufs, Hobbys, die Kommunikation, die Sexualität? Und welche der betroffenen Tätigkeiten sind für seine Lebenszufriedenheit von besonderer Bedeutung?

Blicken wir auf die Fälle zurück, so werden individuelle Unterschiede bereits auf dieser Ebene sichtbar: Angelika R.s Alltagsaktivitäten waren durch körperliche Symptome kaum beeinträchtigt, Fritz G. litt unter dem Tremor in Händen und Armen bei seinen Hobbys und in der Sexualität, war aber von der Hilfe anderer weitgehend unabhängig. Herrn A. schränkten Bewegungsblockaden und stundenlange Phasen verminderter Beweglichkeit so stark ein, dass er alleine kaum noch außer Haus ging. Herr I. war durch die körperlichen Symptome am stärksten betroffen – er benötigte fortwährend die Hilfe seiner Frau; eine zusätzliche Belastung waren die in Folge der medikamentösen Langzeittherapie auftretenden Halluzinationen.

2. Worin bestehen die psychischen Belastungen? In Gesprächen und durch Selbstbeobachtung werden Art, Häufigkeit und Dauer der psychischen Belastungen erfasst. Die Selbstbeobachtung, d. h. die gezielte Beobachtung eigener Erlebens- und Verhaltensweisen, soll die folgenden Fragen beantworten:

- Wann treten Belastungen auf?
- Wie lange dauern sie an?
- Welche Gefühle, Gedanken, Verhaltensweisen und körperliche Reaktionen sind mit den Belastungen verbunden?

Es erleichtert die Selbstbeobachtung, wenn psychische und körperliche Reaktionen als Beobachtungsgegenstand festgelegt werden, etwa die Anzahl von Bewegungsblockaden im Tagesverlauf, die durch Bewegungsprobleme ausgelösten Ärgerreaktionen, Häufigkeit und Dauer depressiver Verstimmungen. Die Beobachtungsergebnisse werden schriftlich festgehalten – durch freies Notieren oder mithilfe strukturierter Protokolle. Patienten, denen das Schreiben schwer fällt, können ihre Beobachtungen auf Tonband sprechen.

Angelika R.s Selbstbeobachtung zeigte, dass sie kaum einen Tag ohne depressive Verstimmungen erlebte. Ihre Stimmung schien sich stets zu verschlechtern, wenn sich die Erkrankung ins Bewusstsein drängte. Fritz G. geriet im Abstand von Wochen in depressive Phasen, wenn sich die Frustrationen bei seinen Handwerksarbeiten und in der Partnerschaft häuften; seine sexuellen Störungen traten jedoch seltener als ursprünglich vermutet auf. Herr A. war meistens guter Stimmung, verzweifelte jedoch, wenn er immer wieder daran scheiterte, die Bewegungsblockaden zu beeinflussen. Herr I. fühlte sich beinahe durchgängig niedergeschlagen, und seine emotionale Belastung nahm zu, sobald ihn die Halluzinationen heimsuchten.

Die gezielte Selbstbeobachtung ist in zweifacher Hinsicht von Bedeutung: Sie ergibt ein genaues Bild der Belastungen, und sie wirkt therapeutisch. Die Belastungen werden weniger bedrohlich, je besser man sie kennt. Der Vergleich zwischen „Ist-“ und „Soll-Zustand“ wird angeregt und fördert die Bereitschaft, Veränderungen herbeizuführen. Schließlich lassen sich neben den Belastungen auch günstige Verhaltensweisen entdecken und damit Ansatzpunkte zur Problembewältigung (Kazdin, 1974).

3. Wie verändert die Erkrankung die sozialen Beziehungen? Da sich das Parkinson-Syndrom nachhaltig auf den sozialen Kontext auswirken kann, ist immer zu klären, ob der Erkrankte im Kontakt mit anderen Personen Belastungen erlebt, etwa weil die Verständigung durch motorische Probleme erschwert ist, weil die Erkrankung nahe stehende Personen belastet oder weil andere negativ auf die Symptome reagieren: in der Familie, mit Freunden, mit anderen Patienten, in der Öffentlichkeit.

Herrn I.s Ehe war in eine Krise geraten – seine Frau war durch die Pflege körperlich und seelisch überfordert, und zwar so stark, dass sie Hilfe brauchte. Fritz G.befürchtete, seine Ehe könnte am Parkinson scheitern. Angelika R. fühlte sich im Kontakt mit anderen noch unsicherer als vor dem Auftauchen ihrer Erkrankung. Herrn A.s Ehe und seine weiteren sozialen Beziehungen waren kaum belastet.

Verhaltensanalyse

In der Verhaltensanalyse werden durch Befragung, Selbstbeobachtung und Beobachtung des Therapeuten in Belastungssituationen auftretende Verhaltensweisen, Gefühle, Gedanken und körperliche Veränderungen beschrieben und in einen funktionalen Zusammenhang gebracht (Kanfer, Reinecker & Schmelzer, 1996).

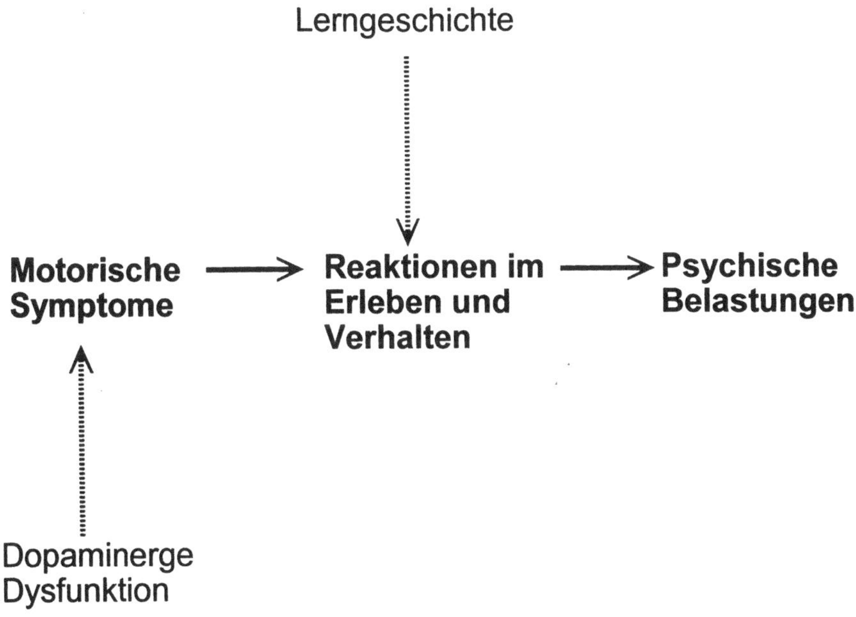

Abbildung 5: Arbeitsmodell zur Analyse psychischer Belastungen bei der Parkinson-Erkrankung

Das Ziel der Verhaltensanalyse ist ein Modell der jeweiligen psychischen Belastung, auf dessen Grundlage wirksame Interventionen abgeleitet werden. Ausgangspunkt waren bei Angelika R. die abendlichen depressiven Phasen, bei Herrn A. die Bewegungsblockaden im Wohnbereich, bei Fritz G. die Behinderung seiner Tätigkeiten durch den Tremor. Als Orientierungshilfe lässt sich das in Abbildung 5 dargestellte Schema verwenden. Es setzt sich aus drei Elementen zusammen: die körperlichen Symptome, die psychischen Reaktionen auf die Symptome und die resultierenden psychischen Belastungen. Während die körperlichen Symptome durch die dopaminerge Dysfunktion in der Substantia nigra bedingt sind, sind die Reaktionen im Erleben und Verhalten als Ergebnis der individuellen Lerngeschichte aufzufassen.

Zur Entwicklung eines Arbeitsmodells sind also die folgenden Fragen zu klären:

- Welche körperlichen Symptome oder krankheitsbezogenen Einschränkungen treten in der Situation auf?
- Wie reagiert der Erkrankte darauf – gedanklich, emotional, körperlich?
- Sind diese Reaktionen mit psychischen Belastungen verknüpft?

Angelika R. spürte abends beim Geschirrspülen die krankheitsbedingte Steifigkeit im Arm und Rückenschmerzen (*Krankheitssymptome*) und wurde von angsterfüllten Vorstellungen über die Zukunft heimgesucht (*Reaktionen im Erleben und Verhalten*): Sie sah jede Lebensperspektive dahinschwinden und fühlte sich schließlich depressiv (*psychische Belastung*). Herr A. reagierte auf die Bewegungsblockaden (*Krankheitssymptome*) mit Anspannung und Ärger und versuchte, sie mit Willensanstrengung zu durchbrechen (*Reaktionen im Erleben und Verhalten*): Er scheiterte, fühlte sich hilflos und resignierte (*psychische Belastungen*). Fritz G. litt unter dem Tremor der rechten Hand (*Krankheitssymptome*) und versuchte ihn, „mit Gewalt" zu unterdrücken (*Reaktionen im Erleben und Verhalten*): Er geriet in Wut, wenn sich der Tremor verstärkte, und schließlich sogar in Verzweiflung, weil er keinen Weg sah, das Problem zu bewältigen (*psychische Belastungen*). Diese Verhaltensanalysen sind in Abbildung 6 zusammengefasst.

Da die Reaktionen auf die Erkrankung durch die Lerngeschichte geprägt sind, ist es hilfreich, auch diese zu kennen. Angelika R. hatte am Beispiel der Mutter erlebt, wie verhängnisvoll sich eine chronische Erkrankung auswirken konnte, und geriet jetzt durch die eigene Erkrankung in Ängste. Herr A. hatte schon mehrere Lebenskrisen mit Geduld und Beharrlichkeit gelöst und versuchte, auch aus seiner Erkrankung „das Beste zu machen". Fritz G. hatte Probleme stets durch Handeln gelöst und versuchte jetzt, auch seine krankheitsbedingten Belastungen durch Handeln zu bewältigen. Er kämpfte gegen die Erkrankung an, statt sie zu tolerieren.

Wenn wir die situationsspezifischen Reaktionen vor dem Hintergrund der Lerngeschichte betrachten, lassen sich situationsübergreifende Verhaltenstendenzen oder Einstellungen erkennen. Gelingt es in den späteren Abschnitten der Therapie, auch diese dysfunktionalen Einstellungen zu verändern, wird der Behandlungserfolg auf eine breitere Basis gestellt und stabilisiert.

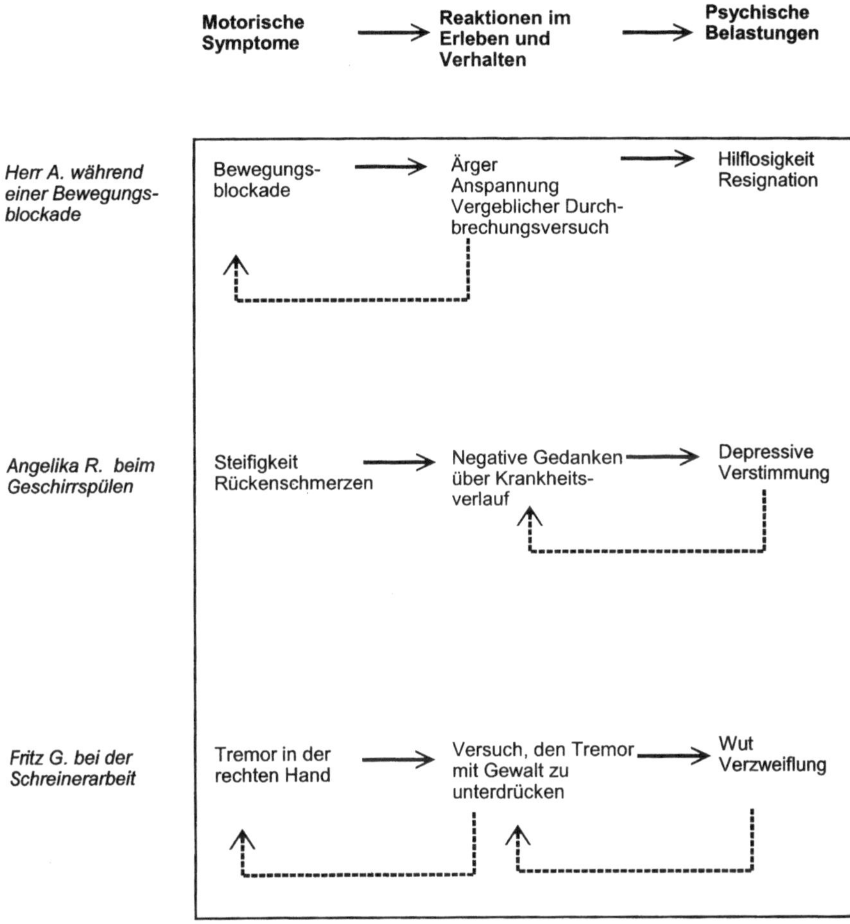

Abbildung 6: Verhaltensanalysen mithilfe des Arbeitsmodells

Die Abfolge *körperliche Symptome → Reaktionen im Erleben und Verhalten → psychische Belastungen*, wie er im Arbeitsmodell postuliert wird, ist der grundlegende Wirkungszusammenhang. Dieser wird jedoch oft durch Rückwirkungen zwischen den Elementen des Arbeitsmodells verkompliziert. Aufschaukelungsprozesse dieser Art können sich in dreifacher Weise zeigen:

1. Die psychischen Reaktionen steigern die körperlichen Symptome – Herr A. reagierte mit Anspannung und Ärger auf die Bewegegungsblockaden und verstärkte sie dadurch.
2. Die psychische Belastung verstärkt ungünstige Reaktionen auf die Krankheitssymptome – Angelikas depressive Verstimmung steigerte ihre negativen Gedanken.

3. Die Krankheitssymptome werden durch die Reaktionen im Erleben und Verhalten gesteigert *und* diese zusätzlich durch die psychische Belastung – Fritz G. verstärkte den Tremor durch seine Versuche, ihn mit Gewalt zu unterdrücken, und je mehr er darüber in Wut geriet, desto mehr kämpfte er gegen den Tremor an. Für den Behandlungserfolg ist es entscheidend, solche Aufschaukelungsprozesse zu entdecken und zu durchbrechen.

Auch wird es immer wieder notwendig sein, mehrere Belastungssituationen zu analysieren und entsprechende Arbeitsmodelle zu entwickeln. Schließlich erleben die Patienten vielfältige Belastungen in unterschiedlichen Alltagssituationen. Fritz G. war zum Beispiel nicht nur durch Ärgerreaktionen bei den Schreinerarbeiten belastet, sondern auch durch seine Angst, als Ehemann zu versagen, sowie durch seine vergeblichen Versuche, von der Erkrankung geheilt zu werden.

Intervention

Die Intervention hat zwei Ziele, nämlich *kurzfristig* die psychischen Belastungen zu vermindern und *langfristig* die Reaktionen auf die Erkrankung zu verbessern. Dies kann teilweise mit Interventionsmethoden geschehen, die sich bereits bei anderen Störungen als wirksam erwiesen haben: Entspannungs- und Stressbewältigungstechniken, kognitive Methoden, Förderung angenehmer Aktivitäten, Training sozialer Fertigkeiten, Unterstützung der Angehörigen. Daneben bieten sich Interventionsmethoden an, die auf die spezielle Situation des Parkinson-Patienten zugeschnitten sind: Erfassung der Symptomschwankungen durch systematische Selbstbeobachtung, Anpassung des Verhaltens an die Symptomschwankungen, Anwendung von Verhaltensstrategien zur Kompensation motorischer Probleme, Training motorischer Funktionen und des Gefühlsausdrucks. Da die Entwicklung dieser spezifischen Methoden zum Teil noch in ihren Anfängen steckt, muss der Thereapeut manchmal erfinderisch sein.

Die Parkinson-Erkrankung ist, wie nun schon mehrfach erwähnt, durch deutliche individuelle Unterschiede in den Krankheitsmerkmalen und psychischen Belastungen gekennzeichnet. Dieses breite Spektrum von Problemen erfordert die Kenntnis zahlreicher und unterschiedlicher Interventionsmethoden, die im individuellen Fall auf Grundlage der Verhaltensanalyse auszuwählen sind. Dabei liegt es nahe, zuerst jene Belastungen anzugehen, die dem Patienten am wichtigsten sind. Die Intervention kann auf verschiedenen Ebenen ansetzen: Verhalten, Gedanken, Gefühle und körperliche Reaktionen. Zumeist ist es günstig, auf der Ebene des Verhaltens zu beginnen. Zum einen sind Verhaltensweisen „sichtbar" und für den Patienten oftmals eher zugänglich als Gedanken und Gefühle. Zum anderen wird das Verhalten durch die Parkinson-Erkrankung unmittelbar verändert, und für den Patienten ist es entscheidend, sich auf diese Veränderungen einzustellen. Er muss sein Verhalten verändern, um Aktivitäten, die motorischen Aufwand erfordern, auf Zeiten besserer Beweglichkeit zu konzentrieren und Zeiten schlechter Beweglichkeit trotz der Einschränkung angenehm zu gestalten. Er kann Verhaltensstrategien üben, um Bewegungsabläufe durch visuelle, akustische und sprachliche Hilfsmittel zu unterstützen. Er kann gezielt über die Erkrankung sprechen und seinen Gefühlsausdruck beobachten und üben – im Sprechen, in der Mimik, Gestik und Körpersprache. Die Parkinson-Erkrankung bietet vielerlei Ansatzpunkte für verhaltensbezogene Interventionen.

Gedankliche Methoden bieten sich vor allem bei depressiver Verstimmung und übersteigerter Angst vor dem Fortschreiten der Erkrankung an. Typische Beispiele negativ verzerrter Denkmuster sind die Vorstellung, an der Erkrankung schuld zu sein, die Vorstellung, wegen der Erkrankung kein lebenswertes Leben mehr führen zu können, und die Tendenz, positive Ereignisse in ihrer Bedeutung zu unterschätzen. Auf welche Weise lassen sich günstigere Denkmuster entwickeln? Zunächst ist es wiederum entscheidend, die gedanklichen Reaktionen zu beobachten, was umso leichter ist, je besser die Selbstbeobachtung geschult ist. Daraufhin werden im therapeutischen Gespräch schrittweise günstigere Denkmuster entwickelt und im Alltag erprobt. Gedankliche Methoden sind der Schlüssel zur langfristigen Bewältigung der Erkrankung. In der Therapie mit Angelika R. waren sie das wesentliche Behandlungselement: Wir identifizierten negative Denkmuster und versuchten, günstigere Sichtweisen zu entdecken. Auf dieser Grundlage übte sie die Wahrnehmung des eigenen Gefühlsausdrucks und setzte ihre sozialen Fertigkeiten bewusst und gezielter ein.

Für Fritz G. war es entscheidend, die vergeblichen, nach außen gerichteten Bewältigungsversuche durch günstigere, nach innen gerichtete zu ersetzen. Der Schlüssel zur Veränderung seiner Krankheitsbewältigung waren Achtsamkeits- und Entspannungsübungen, deren paradoxer Charakter die Einstellungsänderung auslöste. Herr A. lernte, die Bewegungsblockaden und die begleitenden psychischen Reaktionen genauer zu beobachten, und trainierte Hilfstrategien, die den Umgang mit den Bewegungsblockaden verbesserten. Frau und Herr I. fanden zu der Übereinkunft, einen Zivildienstleistenden zu engagieren, dessen Hilfestellung beide entlastete. In Einzelgesprächen erhielt Herr I. außerdem hilfreiche Informationen zu den Ursachen seiner Halluzinationen. Frau I. erkannte, dass sie auch dann eine gute Ehefrau blieb, wenn sie nicht die gesamte Pflege für ihren Mann leistete. Tabelle 1 gibt nochmals einen Überblick über die in den Fallberichten beschriebenen Probleme und Interventionsmethoden.

Tabelle 1: Die Fälle im Überblick: psychische Belastungen und psychologische Interventionen

	Probleme	Psychologische Interventionen
Angelika R.	Depression Soziale Unsicherheit	Kognitive Methoden Selbstbeobachtung des Gefühlsausdrucks Soziales Kompetenztraining Förderung angenehmer Aktivitäten
Fritz G.	Sexuelle Störungen Depression	Paradoxe Anweisungen Entspannung Aktivitätsplanung
Herr A.	Belastung durch Bewegungsblockaden	Strukturierte Selbstbeobachtung Entspannung Training von Kompensationsstrategien
Herr I. und Frau I.	Partnerschaftsprobleme Depression Überforderung durch Pflege	Einzelgespräche Gemeinsame Gespräche Externe Hilfe bei der Pflege

Schlussbemerkung

Chronische Erkrankungen des zentralen Nervensystems wirken sich auf das Verhalten des Betroffenen und seiner Angehörigen aus und umgekehrt, psychologische, soziale und kulturelle Faktoren beeinflussen die Folgen der Erkrankung. Die Versorgung des Patienten und seiner Angehörigen muss daher neben medizinischen Behandlungsmaßnahmen auch psychologische Interventionen umfassen. Leider sind die Möglichkeiten psychologischer Interventionen bei der Parkinson-Erkrankung und anderen neurologischen Erkrankungen noch nicht in ausreichendem Maße in die praktische Versorgung integriert. Die Rolle des Psychologen beschränkt sich oft auf die testpsychologische Erfassung erkrankungsbedingter Defizite in den kognitiven Funktionen. Die vordringlichere Aufgabe wäre es jedoch, gezielte Interventionen anzusetzen, um die Bewältigung der Erkrankung zu fördern.

Jeder, der an Parkinson erkrankt, steht vor der Aufgabe, sich einerseits an Einschränkungen anzupassen und andererseits noch vorhandene Möglichkeiten und Fertigkeiten zu nutzen, um ein zufriedenes Leben zu führen. Psychologische Interventionen können dabei mit vielfältigen Mitteln helfen. Da der Erfolg dieser Maßnahmen am Alltag der Betroffenen zu messen ist, darf die Behandlung nicht alleine in der Klinik, sie muss auch ambulant, im Lebensraum des Patienten, erfolgen.

Im Rückblick auf die Therapien war viel von Planung und Techniken die Rede. Das therapeutische Geschehen lässt sich jedoch nicht alleine auf dieser Ebene beschreiben. Die Psychotherapieforschung zeigt, dass auch andere Faktoren, vor allem die therapeutische Beziehung, am Erfolg der Behandlung beteiligt sind (Lambert & Bergin, 1996). Es ist nicht verwunderlich, dass Wärme, Vertrauen und Akzeptanz in der Behandlung psychischer Belastungen eine wesentliche Rolle spielen. Wie gut es gelungen ist, in den hier berichteten Therapien die Beziehung förderlich zu gestalten, will ich nicht beurteilen, aber ich kann versichern, dass ich jede Therapie als bereichernde Begegnung erlebt habe. Vieles wird mir in Erinnerung bleiben: das Weinen Angelika R.s in den ersten Wochen der Therapie und ihr sich allmählich entfaltendes Lachen während der mimischen Übungen, das Beben und Zittern Fritz G.s und seine urwüchsige Kraft, mit der er sich gegen die Erkrankung stemmte, die Genauigkeit, der klare Blick Herrn A.s in der Beobachtung seiner Bewegungsblockaden, Herrn I.s Aufmerksamkeit, die hinter seiner Bewegungsarmut hervorblitzte, und Frau I.s Ruhe und Zufriedenheit, als ich sie ein Jahr nach der Therapie wieder traf.

Literatur

Ballivet, J., Marin, A., & Gisselmann, A. (1973). Aspects de l'hypersexualité observée chez le parkinsonien lors du traitement par la L-Dopa. *Annales Medico-Psychologiques, 2(4)*, 515–522.

Beck, A., Rush, A., Shaw, B., & Emery, G. (1986). *Kognitive Therapie der Depression*. München: Psychologie Verlags Union.

Beier, K. M. (2000). *Sexualität und Partnerschaft bei Morbus Parkinson*. Potsdam: pairdata GmbH.

Brown, R. G., Jahanshahi, M., Quinn, N., & Marsden, C. D. (1990). Sexual function in patients with Parkinson's disease and their partners. *Journal of Neurology, Neurosurgery, and Psychiatry, 53*, 480–486.

Brown, R., & Jahanshahi, M. (1995). Depression in Parkinson's disease: A psychosocial viewpoint. In W. J. Weiner & A. E. Lang (Hrsg.), *Advances in neurology. Behavioral neurology of movement disorders*. New York: Raven Press.

Cohen, F. & Lazarus, R. S. (1979). Coping with the stresses of illness. In G. C. Stone, F. Cohen & N. E. Adler (Hrsg.), *Health Psychology – A Handbook* (S. 217–254). San Francisco: Jassey-Bass Publishers.

Dakof, G. A., & Mendelsohn, G. A. (1989). Patterns of adaption to Parkinson's disease. *Health Psychology, 8(3)*, 355–372.

Deuschl, G. (1993). Diagnose und Differentialdiagnose des Morbus Parkinson im Frühstadium. In G. Stern, U.-D. Madeja & W. Poewe (Hrsg.), *Trends in Diagnostik und Therapie des Morbus Parkinson* (S. 1–18). Berlin: Walter de Gruyter.

Dorros, S. (1989). *Parkinson's: A patient's view*. Washington: Seven Locks Press.

Duvoisin, R. (1994). *Die Parkinson-Krankheit. Hippokrates Verlag, Stuttgart.*

Ellgring, H., Oertel, W., Ploog, D., & Struppler, A. (1989). *Verbesserung der Psychosozialen Anpassung bei Parkinson Patienten*. München: Unveröffentlichter Zwischenbericht zur Förderung durch die Robert-Bosch-Stiftung.

Ellgring, H., Seiler, S. , Nagel, N., Perleth, B., Gasser, T., Oertel, W. (1990). Psychosocial problems of Parkinson patients: approaches to assessment and treatment. In M. B. Streifler, A. D. Korczyn, E. Melamed & M. B. H. Youdim (Hrsg.), *Advances in Neurology: Parkinson's Disease: Anatomy, pathology, and treatment* (Bd. 53, S. 349–353). New York: Raven Press.

Ellgring, H., Seiler, S. , Perleth, B., Gasser, T., & Oertel, W. (1990). An integrated approach for the neurological and psychological support of Parkinson patient. *New Trends in Clinical Neuropharmacology, 4*, 31–34.

Fahn, S. (1995). The freezing phenomenon in Parkinsoninsm. In S. Fahn, M. Hallet, H. O. Lüders & C. D. Marsden (Hrsg.), *Negative Motor Phenomena* (S. 53–63). Philadelphia: Lippincott-Raven-Publishers.

Frankl, V. E. (1997). *Die Psychotherapie in der Praxis*. München: Piper.

Fuente-Fernandéz, R., Ruth, T. J., Sossic, V., Schulzer, M., Calne, D. B. & Stoessl, A. J. (2001). Expectation and dopamine release: Mechanism of the placebo effect in Parkinson's Disease. *Science*, *293*, 1164–1166.

Gerlach, M., Reichmann, H. & Riederer, P. (2001). *Die Parkinson-Krankheit.* Wien, New York: Springer.

Giladi, N., McMahon, D., Przedborski, S. , Flaster, et al. (1992). Motor blocks in Parkinson's Disease. *Neurology, 42*, 333–339.

Haltenhof, H., & Schröter, C. (1994). Depression beim Parkinson-Syndrom: Eine Literaturübersicht. *Fortschritte der Neurologie und Psychiatrie*, *62*, 94–101.

Hauptmann, A. (1922). Der „Mangel an Antrieb" – von innen gesehen. *Archiv für Psychiatrie und Nervenkrankheiten*, *66*, 615–686.

Haynes, S. N. & O'Brien, W. H. (1990). Functional analysis in behavior therapy. *Clinical Psychology Review*, *10*, 649–668.

Hinterleitner, A. (1999). *Mein Leben in der Einbahnstraße.* Freistadt: Plöchl-Druck.

Hoehn, M. & Yahr, M. (1967). Parkinsonism: onset, progression, and mortality. *Neurology, 17*, 427–442.

Jacob, H. (1955). *Wahrnehmungsstörung und Krankheitserleben.* Berlin: Springer.

Jahanshahi, M. & Marsden, C. D. (2000). *Parkinson's disease: a self-help guide.* New York: Demos Medical Publishing.

Kanfer, F. H., Reinecker, H. & Schmelzer, D. (1996). *Selbstmanagement-Therapie.* Berlin: Spriger.

Katsikitis, M., & Pilowski, I. (1991). A controlled quantitative study of facial expression in Parkinson's disease and depression. *The Journal of Nervous and Mental Disease*, *179(11)*, 683–688.

Kazdin, A. E. (1974). Self-monitoring and behavior change. In Mahoney, M. J. & Thoresen, C. E. (Hrsg.), *Self-control: power to the person* (S. 218–246). Monterey: Brooks/Cole Publishing.

Kockott, G. (1995). Die Sexualität des Menschen. München: Beck.

Koller, W. C., Vetere-Overfield, B., Williamson, A., Busenbark, K., Nash, J., & Parrish, D. (1990). Sexual dysfunction in Parkinson's disease. *Clinical Neuropharmacology, 12(5)*, 461–463.

Lambert, M. J. & Bergin, A. E. (1996). The effectiveness of psychotherapy. In A. E. Bergin & S. L. Garfield (Hrsg.), *Handbook of psychotherapy and behavior change* (S. 143–189). New York: John Wiley & Sons.

Lazarus, R.S. (1999). Stress and emotion: A new synthesis. London: Free Association Books.

Leplow, B., Bamberger, D., Möbius, T., & Ferstl, R. (1993). Verhaltenstherapeutische Gruppenprogramme bei Parkinson-Patienten. *Therapiewoche Neurologie Psychiatrie*, *617*, *59–68*.

Ludin, H.-P. (1995). *Das Parkinson-Syndrom, 2. Aufl.* Stuttgart: Kohlhammer.

Lüders, M., Boxdorfer, S. & Beier, K. M. (1999). Partnerschaft und Sexualität bei M. Parkinson. *Sexuologie*, 6, 18–29.

Luria, A. R. (1932). *The nature of human conflicts or emotion, conflict and will.* New York: Liveright Publishers.

Macht, M., & Ellgring, H. (1999). Behavioral analysis of the freezing phenomenon in Parkinson's disease: A case study. *Journal of Behavior Therapy & Experimental Psychiatry, 30*, 241–249.

Macht, M. & Ellgring, H. (2003). *Psychologische Interventionen bei der Parkinson-Erkrankung.* Stuttgart: Kohlhammer.

Macht, M., Klecker, J., Pfeiffer, B., Annecke, R., Ulm, G., & Ellgring, H. (2000). Wirkungen von Entspannung und Musik auf Befinden und Motorik von Parkinson-Patienten. *Verhaltenstherapie*, *10*, 25–30.

Macht, M., Gerlich, C., Ellgring, H. & the Infopark Collaboration (2003). *Information needs in older persons with Parkinson's Disease: A qualitative study.* Forum Qualitative Sozialforschung / Forum: Qualitative Social Research (on-line Journal, 4 (1). Available at: http://www.qualitative-research.net/fas-texte/1-03/1-03machtetal-e.htm.

Macht, M., Schwarz, R. & Ellgring, H. (1999a). Psychosoziale Belastungen bei Parkinson-Patienten: ausgewählte Ergebnisse einer bundesweiten Befragung. *Sexualmedizin für den Arzt*, 2, 18–21.

Macht, M., Schwarz, R., & Ellgring, H. (1999b). Wirkungen eines Trainings der krankheitsbezogenen Kommunikation bei jüngeren und älteren Parkinson-Patienten. *Verhaltenstherapie und Verhaltensmedizin*, *20(3)*, 343–357.

Mendel, K. (1911). *Die Paralysis agitans.* Berlin: Karger.

Parkinson, J. (1817). *An essay on the shaking palsy.* London.

Pascal, B. (1881, Original: 1670). *Gedanken.* München: Lothar Borowsky.

Pitcairn, T. K., Clemie, S. , Gray, J. M., & Pentland, B. (1990). Impressions of parkinsonian patients from their recorded voices. *British Journal of Disorders of Communication*, *25*, 85–92.

Pirsig, R. M. (1976). *Zen und die Kunst ein Motorrad zu warten.* Frankfurt am Main: S. Fischer.

Pitcairn, T. K., Clemie, S. , Gray, J. M., & Pentland, B. (1990). Non-verbal cues in the self-presentation of parkinsonian patients. *British Journal of Clinical Psychology*, *29*, 177–184.

Ringendahl, H. & Sierla, T. (1997). Das Freezing-Phänomen beim Morbus Parkinson. *Fortschritte der Neurologie und Psychiatrie*, *65*, 435–445.

Rose, H. (1990). *An old age pensioner at 18.* London: The Parkinson's Disease Society.

Sacks, O. (1992). *Zeit des Erwachens.* Reinbek bei Hamburg: Rowohlt.

Schulte, W. (1964). Zum Selbsterleben des Parkinsonkranken. *Acta Neurovegetativa*, *26*, 537–543.

Smith, M. C., Smith, M., & Ellgring, H. (1996). Spontaneous and posed facial expressions in Parkinson's disease. *Journal of the International Neuropsychological Society*, 2, 383–391.

Smith, T. W. & Nicassio, P. M. (1995). Psychological Practice: Clinical Application of the Biospsychosocial Model. In P. M Nicassio & T. W. Smith (Hrsg.), *Managing chronic illness: a biopsychosocial perspective.* Washington: American Psychological Association.

Stern, G. M., Lander, C. M., & Lees, A. J. (1980). Akinetic freezing and trick movements in Parkinson's disease. *Journal of Neural Transmission*, *Suppl. 16*, 137–141.

Strehl, U. & Birbaumer, N. (1996). *Verhaltensmedizinische Interventionen bei Morbus Parkinson.* Weinheim: Beltz, Psychologie Verlangsunion.

Taylor, S. E. & Aspinwall, L. G. (1993). Coping with Chronic Ilness. In L. Goldberger & S. Breznitz (Hrsg.), *Handbook of stress. Theoretical and clinical aspects* (second edition, S. 511–531). New York: The Free Press.

Thich Nhat Than. (1997). *Das Wunder der Achtsamkeit.* Zürich: Theseus.

Thümler, R. (1996). *Die Parkinson-Krankheit.* München: Piper.

Todes, C. (1990). *Shadow over my brain.* Gloucestershire: The Windrush Press.

Turk, D. C. (1979). Factors influencing the adaptive process with chronic illness. In J. G. Sarason & C. D. Spielberger (Hrsg.), *Stress and anxiety. Volume* 6 (S. 291–311). Washington: Hemisphere Publishing Corporation.

Tuschen, B. & Fiegenbaum, W. (1996). Kognitive Verfahren. In Margraf, J. (Hrsg.), *Lehrbuch der Verhaltenstherapie,* (Bd. 1, S. 387–399). Berlin: Springer.

Vaughn, I. (1986). *Ivan.* Bergisch Gladbach: Bastei Lübbe.

Walter, A. (2000). Nonverbaler Ausdruck von Emotionen bei Morbus Parkinson. *Unveröffentlichte Diplomarbeit.* Universität Würzburg: Institut für Psychologie (I).

Weitenhagen, P. (1999). *Lieber Schneid als Mitleid.* Velbert: Scala.

Wermuth, L., & Stenager, E. (1995). Sexual problems in young patients with Parkinson's disease. *Acta Neurologica Scandinavica, 91,* 453–455.

Wüst, E. (2000). Neurokognitive Therapie. *Parkinson Nachrichten,* 72, 5–7.

Zilbergeld, B. (1983). *Männliche Sexualität.* Tübingen: Deutsche Gesellschaft für Verhaltenstherapie.

Anhang

Die folgende Tabelle gibt einen Überblick über die Merkmale der Patienten, ihre psychischen Belastungen und die durchgeführten psychologischen Interventionen.

Die vier Diagramme im Anschluss daran zeigen den mit Fragebogen-Verfahren erfassten Therapieverlauf von Angelika R. und Fritz G. Hierzu wurde ein eigens für Parkinson-Patienten entwickelter Belastungsfragebogen (BELA, Ellgring und Mitarbeiter, Institut für Psychologie (I), Universität Würzburg) und die *Self-rating Depression Scale (SDS)* nach Zung verwendet. Um das Ausmass der erkrankungsbedingten psychischen Belastung zu bestimmen, wurden alle 19 Items des Belastungsfragebogens addiert. Zur Kennzeichnung der depressiven Verstimmung wurden jene Items der *Self-rating Depression Scale* addiert, die nicht direkt durch die motorischen Symptome der Parkinson-Erkrankung verändert werden (Items 1, 11, 14, 15, 16, 17, 18, 19).

Die weiteren Abbildungen zeigen die in der Therapie mit Herrn A. verwendeten Antwortblätter zur strukturierten Selbstbeobachtung (Freezing-Tagebuch, Beweglichkeits-Protokoll, Entspannungsprotokoll, Übungsprotokoll, s. a. Text) und die Ergebnisse dieser Beobachtungen.

Tabelle 2: Patientenmerkmale im Überblick

	Angelika R.	Fritz G.	Herr A.	Herr I.
Alter (Jahre)	43	45	78	74
Erkrankungs-dauer (Jahre)	1.5	5	13	10
Erkrankungs-stadium	1	2	3	4
Motorische Symptome	Rigor im rechten Arm	Tremor, Steifigkeit	Freezing, Über-bewegungen, Off-Phasen	Steifigkeit, Akinese, Haltungs-probleme, Stürze
Alltags-bewältigung	90 %	80 %	60 %	50 %

Anmerkungen.
Die Einstufung der Erkrankungsstadien erfolgte nach der Skala von Hoehn & Yahr (1967). Die Skala erlaubt eine Einteilung des Schweregrades der Erkrankung in fünf Stadien, wobei Stadium 1 die leichteste, Stadium 5 die schwerste Ausprägung der Erkrankung beschreibt (s. a. Abschnitt „Einführung"). Die Einschätzung der Unabhängigkeit im Alltag mit einer Alltagsbewältigungsskala. Bei einem Wert von 100 auf dieser 11-stufigen Skala liegen keine Schwierigkeiten oder Behinderungen bei alltäglichen Aktivitäten vor, bei einem Wert von 0 ist der Patient bettlägrig und vollständig von der Hilfe anderer abhängig.

Therapieverlaufsmessungen

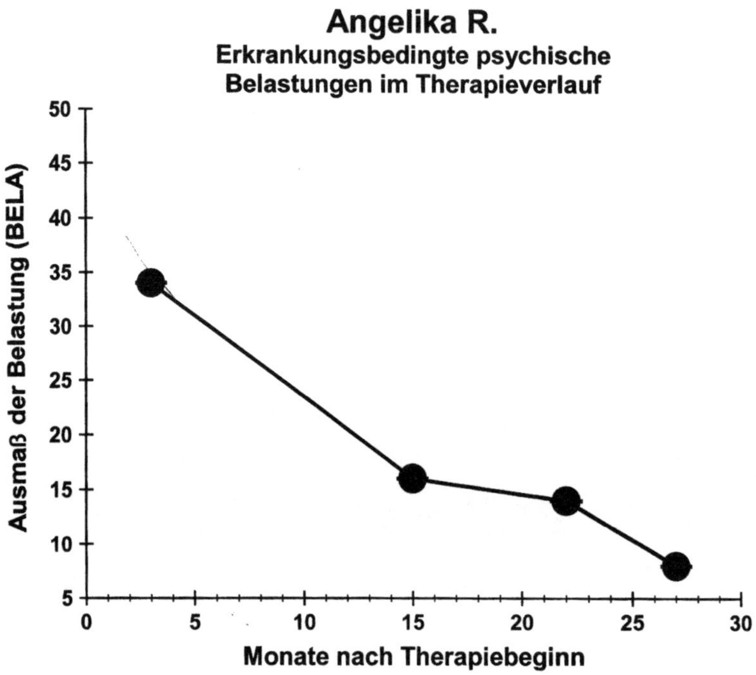
Angelika R.
Erkrankungsbedingte psychische Belastungen im Therapieverlauf
Ausmaß der Belastung (BELA)
50
45
40
35
30
25
20
15
10
5
0
5
10
15
20
25
30
Monate nach Therapiebeginn

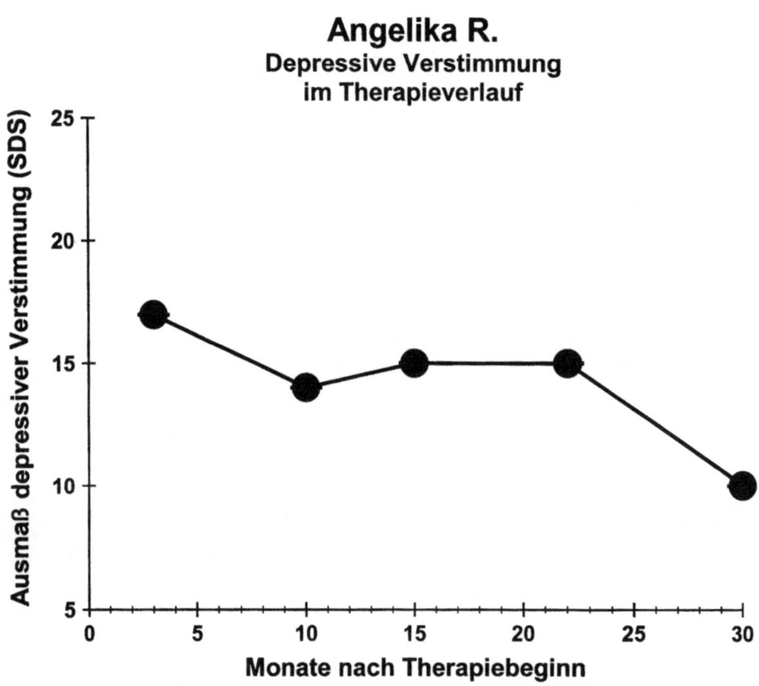
Angelika R.
Depressive Verstimmung im Therapieverlauf
Ausmaß depressiver Verstimmung (SDS)
25
20
15
10
5
0
5
10
15
20
25
30
Monate nach Therapiebeginn

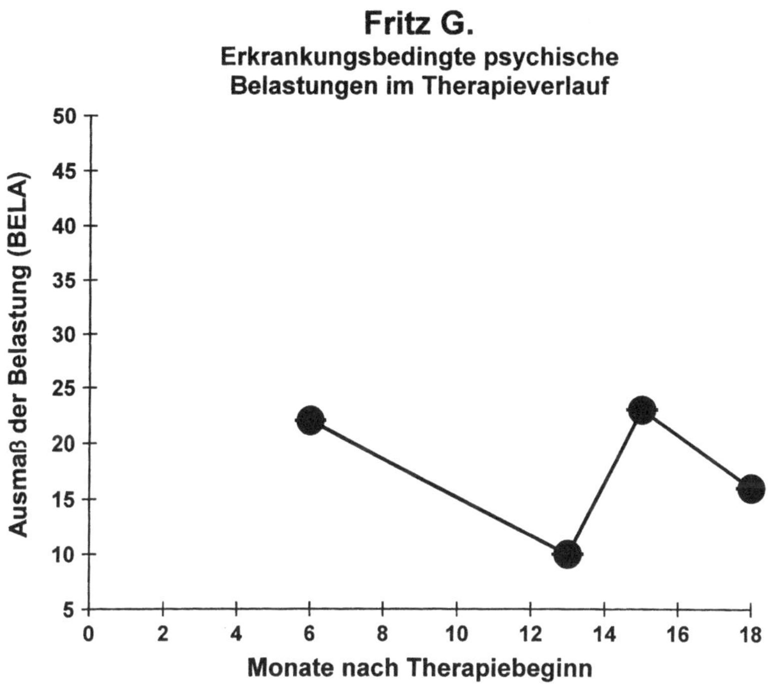
Fritz G.
Erkrankungsbedingte psychische Belastungen im Therapieverlauf
Ausmaß der Belastung (BELA)
50
45
40
35
30
25
20
15
10
5
0
2
4
6
8
10
12
14
16
18
Monate nach Therapiebeginn

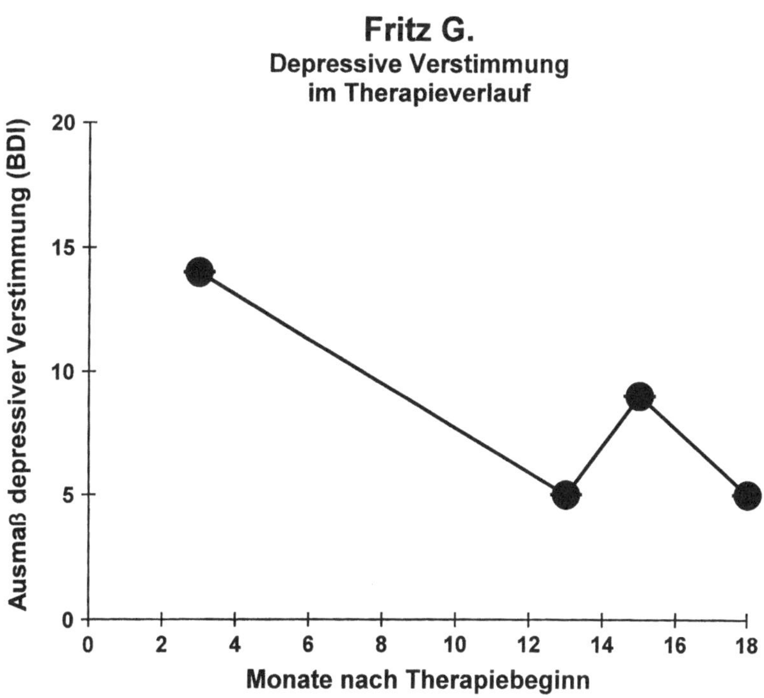
Fritz G.
Depressive Verstimmung im Therapieverlauf
Ausmaß depressiver Verstimmung (BDI)
20
15
10
5
0
0
2
4
6
8
10
12
14
16
18
Monate nach Therapiebeginn

Beispiele strukturierter Selbstbeobachtung

Freezing-Tagebuch

Datum:________________

Zeitpunkt:________________

Dauer der Blockade:
- ☐ kurz (1-2 Min.)
- ☐ mittel (2-5 Min.)
- ☐ lang (über 5 Min.)

Beendigung der Blockade:
☐ Selbsthilfe ☐ Fremdhilfe

Nachlassen der Blockade:
☐ gar nicht ☐ allmählich
☐ sehr langsam ☐ schnell
☐ langsam ☐ sehr schnell

Zustand vor der Blockade:
☐ On-Phase ☐ Off-Phase

Zeitpunkt:________________

Dauer der Blockade:
- ☐ kurz (1-2 Min.)
- ☐ mittel (2-5 Min.)
- ☐ lang (über 5 Min.)

Beendigung der Blockade:
☐ Selbsthilfe ☐ Fremdhilfe

Nachlassen der Blockade:
☐ gar nicht ☐ allmählich
☐ sehr langsam ☐ schnell
☐ langsam ☐ sehr schnell

Zustand vor der Blockade:
☐ On-Phase ☐ Off-Phase

Zeitpunkt:________________

Dauer der Blockade:
- ☐ kurz (1-2 Min.)
- ☐ mittel (2-5 Min.)
- ☐ lang (über 5 Min.)

Beendigung der Blockade:
☐ Selbsthilfe ☐ Fremdhilfe

Nachlassen der Blockade:
☐ gar nicht ☐ allmählich
☐ sehr langsam ☐ schnell
☐ langsam ☐ sehr schnell

Zustand vor der Blockade:
☐ On-Phase ☐ Off-Phase

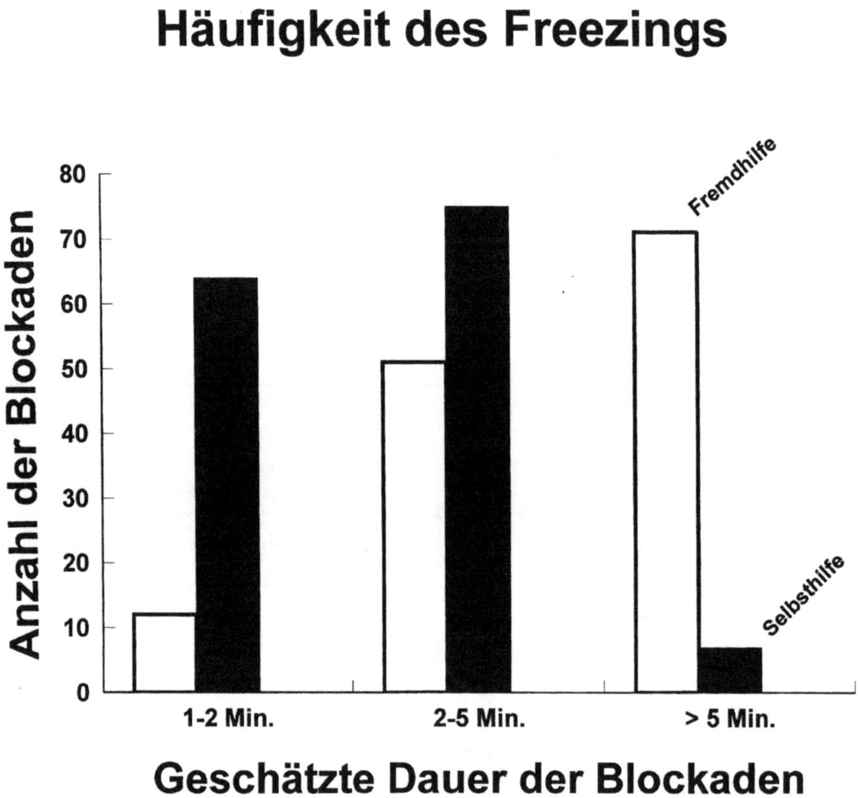
Häufigkeit des Freezings
Anzahl der Blockaden
80
70
60
50
40
30
20
10
0
Fremdhilfe
Selbsthilfe
1-2 Min.
2-5 Min.
> 5 Min.
Geschätzte Dauer der Blockaden

Beweglichkeits-Protokoll

Zeit	Meine Beweglichkeit ist momentan....						
	sehr schlecht	schlecht	eher schlecht	mittel	eher gut	gut	sehr gut
9:00	☐	☐	☐	☐	☐	☐	☐
10:30	☐	☐	☐	☐	☐	☐	☐
12:00	☐	☐	☐	☐	☐	☐	☐
13:30	☐	☐	☐	☐	☐	☐	☐
15:00	☐	☐	☐	☐	☐	☐	☐
16:30	☐	☐	☐	☐	☐	☐	☐
18:00	☐	☐	☐	☐	☐	☐	☐
19:30	☐	☐	☐	☐	☐	☐	☐
21:00	☐	☐	☐	☐	☐	☐	☐

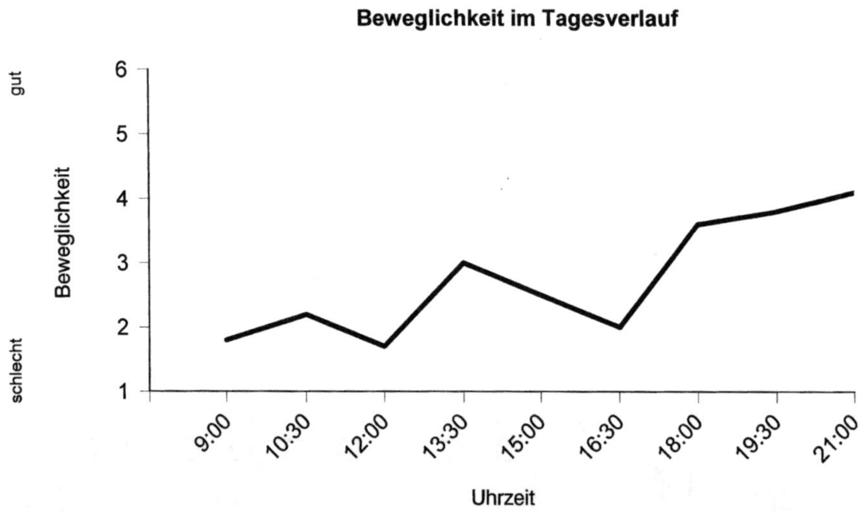
Beweglichkeit im Tagesverlauf
gut
schlecht
Beweglichkeit
6
5
4
3
2
1
9:00
10:30
12:00
13:30
15:00
16:30
18:00
19:30
21:00
Uhrzeit

Entspannungsprotokoll

Datum:__________________

Morgens

Zeitpunkt:__________

Einschätzung der Beweglichkeit vor der Übung:

☐ sehr schlecht
☐ schlecht
☐ eher schlecht
☐ eher gut
☐ gut
☐ sehr gut

Einschätzung der Beweglichkeit nach der Übung:

☐ sehr schlecht
☐ schlecht
☐ eher schlecht
☐ eher gut
☐ gut
☐ sehr gut

Ich befinde mich augenblicklich in einer

☐ On-Phase ☐ Off-Phase

Mittags

Zeitpunkt:__________

Einschätzung der Beweglichkeit vor der Übung:

☐ sehr schlecht
☐ schlecht
☐ eher schlecht
☐ eher gut
☐ gut
☐ sehr gut

Einschätzung der Beweglichkeit nach der Übung:

☐ sehr schlecht
☐ schlecht
☐ eher schlecht
☐ eher gut
☐ gut
☐ sehr gut

Ich befinde mich augenblicklich in einer

☐ On-Phase ☐ Off-Phase

Abends

Zeitpunkt:__________

Einschätzung der Beweglichkeit vor der Übung:

☐ sehr schlecht
☐ schlecht
☐ eher schlecht
☐ eher gut
☐ gut
☐ sehr gut

Einschätzung der Beweglichkeit nach der Übung:

☐ sehr schlecht
☐ schlecht
☐ eher schlecht
☐ eher gut
☐ gut
☐ sehr gut

Ich befinde mich augenblicklich in einer

☐ On-Phase ☐ Off-Phase

Beweglichkeit vor und nach den Entspannungsübungen

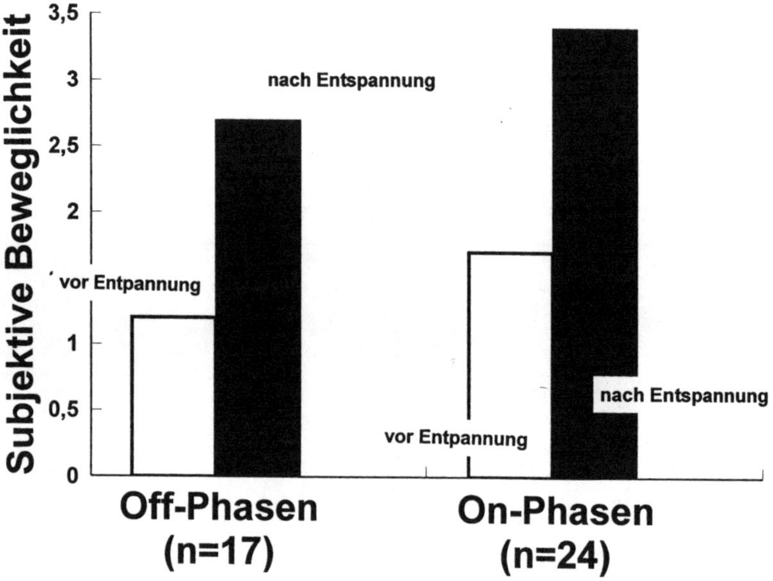

Übungsprotokoll

Datum:____________________

Uhrzeit:____________________

Übungsort:____________________

Einschätzung der Beweglichkeit vor der Übung:

~ sehr schlecht
~ schlecht
~ eher schlecht
~ eher gut
~ gut
~ sehr gut

Angewendete Tricks:

~ Entspannung/Durchatmen
~ Lautes Zählen
~ Stock als Hilfe nutzen
~ Vorgestellter Punkt auf Boden
~ Entspannung + Lautes Zählen

Nachlassen der Blockade:

~ sofort
~ schnell
~ allmählich
~ langsam
~ sehr langsam
~ überhaupt nicht

Uhrzeit:____________________

Übungsort:____________________

Einschätzung der Beweglichkeit vor der Übung:

~ sehr schlecht
~ schlecht
~ eher schlecht
~ eher gut
~ gut
~ sehr gut

Angewendete Tricks:

~ Entspannung/Durchatmen
~ Lautes Zählen
~ Stock als Hilfe nutzen
~ Vorgestellter Punkt auf Boden
~ Entspannung + Lautes Zählen

Nachlassen der Blockade:

~ sofort
~ schnell
~ allmählich
~ langsam
~ sehr langsam
~ überhaupt nicht

Uhrzeit:____________________

Übungsort:____________________

Einschätzung der Beweglichkeit vor der Übung:

~ sehr schlecht
~ schlecht
~ eher schlecht
~ eher gut
~ gut
~ sehr gut

Angewendete Tricks:

~ Entspannung/Durchatmen
~ Lautes Zählen
~ Stock als Hilfe nutzen
~ Vorgestellter Punkt auf Boden
~ Entspannung + Lautes Zählen

Nachlassen der Blockade:

~ sofort
~ schnell
~ allmählich
~ langsam
~ sehr langsam
~ überhaupt nicht

Wie gut ließ sich die Blockade überwinden?

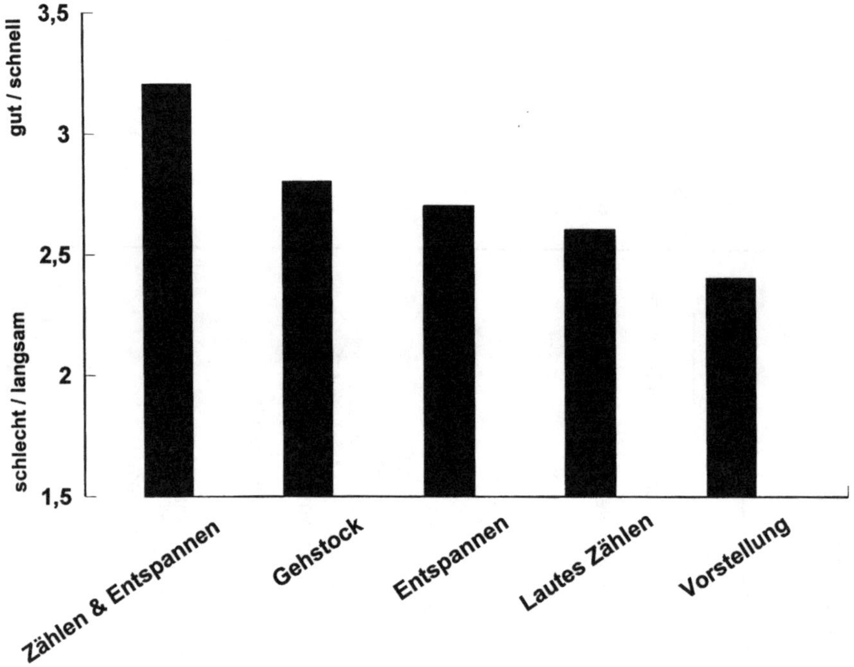

Sachregister

Personenregister